酒店管理本科生
调研报告 二

（2015卷）

Research Reports of
Hospitality Management
Undergraduates (Ⅱ)

吴 炜◎主编

北京·旅游教育出版社

前　言

专业实习是大学毕业生接触社会、认识社会，提升职业素养的有效途径。大学生通过实习平台可以接触到真实的工作环境，将在校期间所学的理论知识与实践相结合，从而更好地发现自身的优势和不足，提高综合素质，建立科学合理的职业生涯规划。

社会的快速发展和酒店行业的实践性对酒店管理专业毕业生的专业能力提出了更高的要求。对于即将毕业的酒店管理专业学生而言，酒店及其相关行业的实习能够使他们更好地适应就业环境，为自己步入社会打下坚实的基础；同时也可以使他们对所学专业有更全面、深刻的了解，以成为能够胜任现代酒店及其新业态、健康服务产业的国际化、复合型、创新型经营管理人才。

这本《酒店管理本科生调研报告（二）》是从北京第二外国语学院酒店管理学院2014届和2015届毕业生的实习报告中筛选、整理出来的，涵盖了毕业生在不同岗位的实习经历和体验。编写本书的目的在于记录、整理并分析学生的实习过程，从而更好地指导毕业生的专业实习工作，践行学院"理论顶天，实践立地"的人才培养理念。该书可供广大师生研究、借鉴和参考。

本书由吴炜老师提出思路并构建框架，具体内容由吴炜、张慧、衣龙啸、张梦笛、刘敏君、庄丽丽、黄歆然、李昕芷、裴亚涛、张珂编撰并整理。本书的编写受 2014 年北京市财政专项"本科生培养——人才培养模式创新实验项目——国际化旅游酒店管理人才培养模式创新（394007）"项目资助，在此深表谢意。

编者
2015 年 3 月 20 日

目　录

北京万豪酒店实习报告 …………………………………… 吴勖颖　1
北京国贸大酒店实习报告 ………………………………… 肖　涵　6
浙江大酒店实习报告 ……………………………………… 唐诗卉　10
Intercruises、北京皇家大饭店实习报告 ………………… 孟蔷子　12
天津君隆威斯汀酒店实习报告 …………………………… 邓语涵　16
北京万商花园酒店实习报告 ……………………………… 黄丹阳　18
北京胡同仁茶院酒店实习报告 …………………………… 吕　蒙　22
北京励骏酒店实习报告 …………………………………… 柯　民　26
北京励骏酒店实习总结 …………………………………… 史碧涵　29
FESCO 北京外企人力资源有限公司、福士登酒店实习报告
　……………………………………………………………… 王宇琦　32
艺龙旅行网、嘉里中心大酒店实习报告 ………………… 衣龙啸　36
北京万达索菲特实习报告 ………………………………… 郑露思　40
中国海峡旅行社实习报告 ………………………………… 古　雨　46
中国国际贸易促进委员会实习报告 ……………………… 李魁姣　50
雀巢北京分公司实习报告 ………………………………… 李明雯　54
北京首旅建国酒店管理公司实习报告 …………………… 徐晨凯　57
ABC 外语培训学校实习报告 ……………………………… 张　元　61
中国中化集团公司实习报告 ……………………………… 谷　远　65
面包旅行实习总结 ………………………………………… 郭　朝　69
贵州省贵阳市花溪迎宾馆实习报告 ……………………… 何映媛　72

九江中国国际旅行社实习报告	黄雅俪	75
石油物探局涿州外宾宾馆实习报告	孙　羽	78
北京严肃科技有限公司实习报告	王　玥	81
北京飞鹏文化传播有限公司实习报告	于　彤	84
北京金融街连卡佛实习总结	陈佳欣	87
天津 Intercruises 公司实习总结	冯淑娴	90
北京问日科技有限公司实习报告	付　婷	94
北京单向街文化有限公司实习报告	韩玉冰	97
北京龙炀筑家装饰工程有限公司实习报告	姜　曦	101
天津母港实习报告	李星慧	104
北京盛世国际旅行社实习报告	梁　斌	108
威立雅实习报告	彭正颖	113
Intercruises 毕业实习报告	邱雅雯	117
花旗银行实习报告	袁子仪	120
星期五餐厅实习报告	赵雪霏	123
仟和骨头王火锅餐厅实习报告	曹　丹	127
团兴劳动与社会保险服务有限公司实习报告	陈佳怡	132
宁波石浦豪生实习总结	胡叶蕾	135
北京金隅地产经营管理有限公司环贸分公司实习报告	孙赛楠	140
北京首欣物业管理有限责任公司实习报告	魏月竹	144
美国加州大学尔湾分校实习报告	薛艺辰	149

北京万豪酒店实习报告

姓名：吴勋颖
年级：2010 级酒店管理 1 班
实习单位：北京万豪酒店
实习时间：2013 年 7 月—2013 年 10 月

一、实习地点

北京市东城区建国门南大街 7 号，北京万豪酒店

二、实习岗位

前台接待员

三、实习目的

酒店管理是一门实践性较强的课程，在学校中我们学到的大部分知识都偏理论化，为了将学到的理论知识与实践相结合，以及对酒店的整体运营、运作有相对全面、整体、连贯的认识，笔者利用大三暑期时间在酒店实习。

四、工作内容

1. 为新到店客人办理预订。
2. 对住店客人以及与酒店有相关业务的客人、客户的电话进行接听服务。

3．为来店客人解答问题。

4．为到店客人办理入住登记手续。

5．为离开客人办理离店手续。

6．整理客人档案以及其他一些琐碎事项。

五、心得

在大三第二学期期末考试期间，我去了几家酒店面试，最终我选择了北京万豪酒店。

在正式入职的第一天，我就体会到了万豪酒店的"严格要求"。我工作的职位是酒店的前台接待，酒店要求把长发盘起来，除齐头帘外，要露整个额头，并且碎头发要求用卡子别起来。但是我入职的时候，头发是散着的，也没有皮筋，而且洗衣房发工服的阿姨只给我了一个发套（盘头发用的），我还不会用。后来好不容易才向阿姨要到了一根皮筋（酒店不统一发皮筋，这个皮筋是阿姨自己的）。换了工服，我就去前厅办公室报到了，却因为头发没有梳好、没有戴酒店发的发套被经理批评了。旁边的一位大着肚子的好心主管帮我梳了头发，并教会了我怎样使用发套。将头发盘起、戴好发套后，走到经理面前让经理检查，没想到又受到批评——原因是头帘的碎头发没有用卡子别起来，不符合酒店前台员工的形象要求。上班的第一天就让我迅速意识到了工作和在学校学习真的不同，企业的主管、经理比学校老师对我们更加严厉，因为他们不会因为这件事之前没有人教过你、你不会做或者做错了就对你宽容。在社会中，别人看到的只有结果，不管你是如何学会的，重要的是最终你是否学会了。

之后的两天便是参加入职培训，背关于酒店内部环境、周边环境知识的160问，并参加了笔试。之后我便真正地投入到了工作当中。当然，作为新人，我是从简单地帮客人指路、为客人开发票、教客人用兑换机、查房等琐碎的工作做起的。

由于不适应上班的快节奏，我第二个礼拜就病倒了，但我依旧坚持去上班，努力适应酒店的工作环境以及工作节奏。

为了适应酒店的工作，我有许多要学习的东西，最大的挑战便是接电话。接电话的困难有两个，一是电话接起的规范用语很长，酒店要求短时间内说完。二是酒店的许多业务我还不熟，电话接起后大部分情况我都需要向老员工请教。酒店要求前台员工的规范用语是"Good morning, reception. ×××（此处为自己的英文名字）speaking, how may I assist you？您好，前台。"虽然短短的一句话，又因为我给自己起的英文名字"Valentina"过长，不好念，导致这句话我总是说不利落，以至于我很惧怕我所站的台子前的电话响起。我知道这句话自己说得慢，于是就跟自己较劲，回家以后连续练了 200 遍，迫使自己不用过脑子也能把这句话迅速脱口而出，后来我做到了！在和其他实习生一起向师傅学东西的时候，电话突然响起，我可以自信地上前一步，拿起电话（因为大部分时候师傅比较鼓励我们实习生接电话），在其他实习生的瞠目结舌中，自信而流利地说出万豪酒店前台的电话规范用语。

刚克服了接电话恐惧症，又要面对另一个巨大的挑战——酒店的 Opera 操作系统。万豪是国际联号酒店集团，各个酒店、各个部门都使用 Opera 操作系统，但我从来没有接触过这个全英文的系统，不知道办理酒店入住、离店手续等流程，也不知道酒店用的各个单据的具体功能。虽然有师傅带我、教我，但毕竟是一带而过的操作，很难当场掌握。而与此同时，和我同期的其他实习生都有基础，他们有的是中瑞酒店管理学院的学生，有的是联大旅游管理学院的学生，也有一些从美国、英国、新加坡、瑞士留学回来的留学生，他们要么学过 Opera 系统，要么精通英语，看 Opera 系统上的英文跟看中文一样，这种情况着实让我压力不小。后来我就想出了解决办法——我自己买了一本 Opera 操作系统的教程书，还准备了一个笔记本。我每天看三分之一教程，有用的都记在笔记本上。师傅讲 Opera 的时候我也会把每个业务在系统中要用的路径记下来，等下班以后找空闲的电脑，一边参考教程一边对照自己的笔记本练习。而且，我还经常牺牲自己周末休息的时间来酒店练习。在练习的时候为了让自己日后操作更加迅速，我把每个按键的大概位置和操作界面也画在本上，并且还在操作路径旁记下了操作的快捷键——后来我发现由于我一开始就使用快捷键，以至于后来系统熟练以后我的操作比其他实习生甚至有的主管都快。

随着不断练习，我对操作系统熟练了很多，但由于英语说得不流利，面对来自不同国家的客人时也是倍感压力。"涉世未深"的我虽然号称喜欢与人沟通，但遇到英语说得流利的外国人（多数外国人母语非英语）或者比较严肃的中国人，也着实很紧张、不自然，以至于经常系统点错键、忘记业务路径、忘记收取客人证件、做错房卡、check-in脏房状态的房间给客人……一开始出的错误太多了，数不胜数，挨客人白眼、投诉都是家常便饭。慢慢地，做得多了，接触的人多了，我也逐渐老练了，看到外国人我也不会太紧张了，面对同事的调侃我也能一笑置之了。

实习大概一个月以后，我开始上夜班了。熬夜对于我这个在大学期间已经习惯晚上11点准时睡觉的人来说很辛苦，加上之前一个月在酒店上班都是早班——4点半就要起床，7点到岗，突然间要从晚上11点工作到第二天早上，非常不适应。第一次上夜班由于比较兴奋，熬到第二天早上也不太困。但接下来第二天的夜班真是"煎熬"。11点上班，到夜里1点就开始犯困了，但手头还有很多需要整理、清算、或者存档的工作，加之时间还早，不断有一些飞机延误的客人来到前台办理入住，想想还有六个小时要熬，这可怎么办？于是我便不断地起身、走动、喝水、跟同事聊天、看手机新闻等，这样才驱赶了困意。但晚上由于犯困还是出了不少错误，比如前台有钱柜，每个柜子里是两万块钱，多退少补，我在上夜班的时候因为犯困投账短款10元钱。那天早上下班我回到宿舍，刚睡着，就接到财务部打来的电话，说我短款10元钱。夜半由于犯困还做错过很多账，以至于每次都害怕下班以后接到酒店的电话。后来意识到，每次遇到和"钱"有关，或者和"账"有关的工作，尤其是数字，一定要检查三遍以上，以避免出错。因为其他的事情都是小事，有客人投诉，给客人赔不是，帮客人解决问题就好了；有客人抱怨我动作慢，我动作就快一点，嘴上说点歉意的话就好了；有客人需要什么东西，迅速联系客房部或者"为您服务"中心给客人送就好了。但只有"账""钱"，是只要自己细心就能做好的事，所以必须检查好：不要做错账，不要投错账，不要填错单子，不要少单子，不要少凭据……

渐渐地，我慢慢熟练了业务，随着工作时间越来越长，我也与各个同事逐渐熟络了，我也学到了很多东西，但我要学习的东西还有很多。

六、总结

虽然刚开始很不适应上班的节奏，而且相比在学校学习、上课的时光来说，上班确实很辛苦，我也体会到了"赚钱不易"的说法。总体来说，我的感受如下：

1．大学是一生最美好的时光，要珍惜学校生活。

2．不要埋怨别人，要反省自己，因为自己有错在先，只有自己做好了，别人才不会说闲话（不给别人说闲话的机会）。

3．从自己的错误中吸取经验教训，但更好的方式就是从别人的错误中吸取经验。

北京国贸大酒店实习报告

姓名：肖涵
年级：2010 级酒店管理 1 班
实习单位：北京国贸大酒店
实习时间：2013 年 7 月 9 日—10 月 31 日

本人于 2013 年 7 月 9 日至 10 月 31 日在北京国贸大酒店进行了接近 4 个月的酒店业务实习。我被分配在国贸大酒店餐饮办公室实习，酒店节源减支期间被调往国贸 79 西餐厅帮忙。餐饮部是酒店较辛苦的部门，也是可以学到最多东西的部门，餐饮部办公室并不像其他部门那样每天重复着同样的工作，而是保持本质不变每天都在变化创新，每天都可以接触不同的人，不同内容、不同形式的报告，不同风格的餐厅，是一个很好的实习部门。在餐饮部办公室见识新事物，有机会了解各种各样的公司，也有很多锻炼的机会。

一、实习岗位与内容

（一）实习岗位
1. 餐饮办公室实习生。
2. 国贸 79 西餐厅服务员。

（二）实习内容
1. 餐饮办公室的实习内容

我在餐饮办公室的上班时间是 9：00—18：00，有一段时间会加班到深夜。主要负责翻译，排版菜单、酒水单，推广宣传单、电子快讯、制作宣传册，计算、整理酒店餐饮各部门收益情况并制作成 Word 或 Excel 或 PPT 格式文件，深入其他酒店调查特殊节日活动推广，等等。一般都是一位姐姐告知我工作内容，我去做，她负责检查完善。说起来简单轻松，做起来却复杂烦琐。

2. 国贸 79 西餐厅的实习内容

最初是在酒水间帮忙，工作内容是检查桌面的物品是否齐全，工作设备的温度，开启咖啡机，将客人订的茶、咖啡、酒送到客人面前，客人走后收拾桌子、摆位。之后还要清理垃圾，抹银器和水杯、酒杯，折餐巾等，工作简单而烦琐。而后成为领位兼红酒吧的服务员，工作内容包括为客人领位，偶尔帮客人拿早餐，在红酒吧为客人点单、制作酒水，送到客人面前、结账。

二、实习主要收获和体会

（一）实习收获

酒店是一个综合各类各色人才、汇集和传播各种信息的复杂社会的缩影。这次实习使我受益匪浅，为我踏入社会打下了基础。

1. 服务意识的提高

对于酒店等服务行业来讲，服务质量无疑是企业的核心竞争力之一，是企业的生命线。高水平的服务不仅能够为顾客留下深刻的印象，为其再次光临奠定基础，而且能够使顾客倍感尊荣，为企业树立良好的品牌形象。多站在客人的角度，为客人的利益着想，是最基本的要求，也是提供优质服务的来源。于细微处见精神，于善小处见人情，酒店服务员必须做到用心服务，细心观察客人的举动，耐心倾听客人的要求，真心提供真诚的服务，注意服务过程中的感情交流，并创造轻松自然的氛围，使客人感受到服务人员的每一个微笑、每一次问候、每一次服务都是发自肺腑的，真正体现一种独特的关注。

通过酒店组织的培训和平时部门的强化练习，我的服务意识有较大增强，养成了面对客人露出真诚微笑并主动与人打招呼的好习惯；学会了用标准的礼貌礼仪待客；做到了无论在工作岗位上，还是走在走廊上，只要穿着酒店的制服就时刻都有为客人提供最好服务的意识。服务员是微笑之城的使者，一切为了宾客，为了宾客的一切，为了一切宾客。

2．服务水平的提高

礼貌是一个人综合素质的集中反映，要敢于开口向人问好，在向人问好的过程中要做到三到：口到，眼到，神到，一项都不能少，还要在适当的时机主动为客人提供服务。对于客人的要求，要认真倾听，尽全力去满足，尽管有些不是我们职责范围的事情，也要尽力帮其转达；对合理的但不可能办到的要求，要用委婉的语气拒绝，并耐心地实事求是地向客人解释，帮他寻求其他解决方法。

有时候面对比较不讲理的客人，不要试图去和他理论，而是用微笑和耐心去打动他。事实上，人非圣贤，孰能无过，客人并不一定总是对的，但是只要克服了"想不通"和"心理障碍"，把客人放在第一位，自觉、热情地为客人做好服务工作，客人也会满意。在同事关系上，微笑也是最好的交流工具，有时一个会心的微笑就可以消除彼此的陌生感，拉近同事间的距离。

为客人提供个性化的服务，关注每一位客人的需要，尽量满足他们的需求。实习期间我努力做到：看到客人中有小孩子，马上拿来BB凳和BB碗，方便客人及小孩用餐；客人把外套披在椅上或者把手提包放在椅上，立即帮客人套上西装套，这样保证客人的财物安全也使他们更放心用餐；为衣着少的客人拿来披肩，使他们感到温暖……许多事情都很细微，但是用心去做好后，总能使客人非常满意，露出赞许的笑容。

3．工作能力的提高

通过这次实习，我深切地体会到"自己有能力做的事情必须自己做"这个道理。只有培养自己的独立能力，才能发现自己的不足，才能有更多思考创新的空间，才能在工作中不断进步。在工作中，有不懂的问题就应该大胆地请教同事和领导，而不是不懂装懂，自以为是；还要有团队合作精神，相互合作，相互帮助，团结一致；也要独立思考，认真总结经验教训，积极学习同事的优点，主动承认错误并改正，虚心接受别人的批评和意见，最后得到的才是最适合自己的东西。

（二）实习体会

1. 自身的不足之处

通过这次实习，我发现了自身的不足。比如：在语言表达上，总是无法流利地与客人进行英语交流。在餐饮办公室接触不到什么客人，而在国贸79西餐厅，几乎世界各国的客人都可以接触到，由于自身的英语口语能力并非十分好，所以造成了与客人沟通上的障碍，只能用几句简单的英语与客人交流，有时听明白了客人说什么但不知怎样用英语回复。并且由于自身的酒店工作经验不足，很多时候都不知道如何应对客人提出的各种要求，导致工作上出现各种小错误，为同事带来了许多不便。不过，出错并不可怕，最重要的是做错事要及时改正并能引以为戒，不再犯同类错误，有错误才会有进步。因此，我经常向同事请教，虚心向同事学习，不断进行反思和总结，积累经验教训，努力提高自己的应变能力和沟通交流能力，争取把工作做得更好。

2. 就业展望

实习让我提前接触了社会，体会了工作的辛苦和乐趣，学习到了书本上没有的知识，认识了当今的就业形势，并对自己以后的就业有了新的思考和看法，让自己有机会调整自己的就业心态和就业计划。实习实际上就是一次就业的演练，通过实习，我对自己的能力和爱好有了更加深刻的认识，也认识到自己的不足，应该在不断完善自己的同时为自己的就业目标做准备，绝对不可以眼高手低，必须做好接受挑战的心理准备。

浙江大酒店实习报告

姓名：唐诗卉
年级：2011 级酒店管理 1 班
实习单位：浙江大酒店
实习时间：三个月

在浙江大酒店实习期间，我分别在两个对客部门进行了各为期一个半月的实习。首先是担任前厅部的 GRO，也就是对客关系员。浙江大酒店位于杭州主城区繁华地带，前台设置在酒店的第二十五楼，一楼为礼宾部。酒店电梯位于每层中间区域，GRO 的工作之一就是为客人提前按下电梯按钮，并在电梯口为客人指引前台位置。除此之外，GRO 的工作还包括取放前厅报纸、杂志、清理和补充茶点台、每日收集五份宾客意见表、每日两次开水果单、每日两次查房，每个 GRO 的任务由每日所任的班次决定。GRO 的班次由前厅部经理和大堂副理决定。在前台和礼宾部缺人手的时候，GRO 也负责替前台到客房送换钥匙、到其他部门交接材料、每日饭点和礼宾部轮岗、在酒店一楼接引客人。虽然我在酒店的实习时间短，但也同其他实习生一起进行了新进员工培训。员工培训的主要内容是介绍酒店信息及管理集团的相关资料，加上一些基础的安全知识讲座。具体的工作则是由大堂副理选择了一位已经实习了几个月的 GRO 教导我。上述的工作中部分需要运用酒店的操作系统，浙江大酒店采用的操作系统较为简单易懂，容易上手。同时在工作中需要记住的还有各个部门的内部电话短号，以及在通话时准确对待同事和客人的问候语。

浙江大酒店离西湖景区较近，住店客人大部分为游客。同时，作为国企，它也经常接待政府机构工作人员。酒店大楼的二、三、四层均向外租借给了夜总会和俱乐部，这些来往的客人也均经过酒店一层大厅使用酒店电梯。

后来，我调去了餐饮部的西餐厅工作，可能是作为酒店特色，西餐厅的员工制服更像是改良版的中餐厅制服。因西餐厅员工的排班时间与不住员工宿舍的我无法协调，我被安排到了西餐厅下的大堂吧工作实习。大堂吧同样位于酒店第二十五楼，和前台刚好围绕中央的电梯形成一个回路。大堂吧向客人提供茶水、饮料、咖啡、甜点，风景较好，客人一般在此等候他人或者进行简短的商谈和会见。大堂吧还有一间小型会议室，通常供酒店管理层举行会议。大堂吧的工作较GRO轻松，因为每日我都与有经验的员工搭班，所以一般也只是打下手，观摩学习她们制作咖啡、摆放果盘等工作。大堂吧同样需要在电梯口不远处安排接待客人。GRO的工作也需每日使用大堂吧的工作间，在这里准备茶点台上的酸梅汤和柠檬茶。在中秋月饼促销期间，每日还需切一定数量的月饼供客人们试吃，及时观察茶水和点心是否需要补充更新。在大堂吧还需学习的是使用收银系统，包括国内外的银行卡刷卡和酒店内部赊账、现金交易等，以及怎样把这些信息都录入酒店信息系统和给客人开发票。

这次实习我所接触到的都是基层的工作，不需要理论知识，只要基本的操作经验。工作内容简单但繁琐。基层员工很少有休息时间，在当班时也都是站立状态。同时这些岗位也是直接面向客人的一线位置，常有突发状况，如在退房时不肯赔偿损失的客人和损坏酒店财物的随行儿童；在不能及时或全数满足客人要求时还需面对部分客人的责怪和侮辱。基层员工需要努力做到全程保持良好的态度，微笑面对每一位客人。管理层需要及时了解基层员工的情况才能更好地管理酒店，同时也需通过基层员工来了解客人们对酒店的意见和建议，但很显然基层员工不会把所有情况全部上报给管理层，信息传递中的协调和疏通还得看管理层是否重视和是否愿意改变现状。

Intercruises、北京皇家大饭店实习报告

姓名： 孟蕾子
年级： 2011级酒店管理专业
实习单位： Intercruises、北京皇家大饭店

临近毕业，我们也开始准备步入社会，迎接未来的工作。为此，需要在真正毕业前尽可能多地参加实习工作。这次实习任务属于毕业前的综合性实习，旨在拓展我们的知识面，学习书本上无法接触的知识；扩大与社会的接触面，提高我们待人接物的礼仪，增加我们未来在社会竞争中的经验，从而锻炼和提高我们的综合能力，以便在毕业后能真真正正地走入社会、融入社会，能够适应国内外的经济形势及就业形势的变化，并且能够在生活和工作中更好地处理所遇到的各方面的问题。学校要求我们根据自己所在的专业和所学的知识及兴趣爱好寻找实习单位，进一步运用所学知识分析并解决实际中的问题，提高我们的实际工作能力。

在实习前一周，同学们不停地搜索各方面的信息。值得庆幸的是，学校在此时恰巧有了合适的工作——Intercruises邮轮公司。由于我所学的专业是酒店管理，和邮轮业同属于旅游业范畴，因此我决定参加Intercruises的实习工作。

除此之外，我还询问了我家附近的北京皇家大饭店，看是否有合适的岗位供我实习，毕竟学酒店管理还是希望可以在酒店行业工作一段时间，体会真正的酒店人每天的工作，从而为未来的正式工作打下基础。由于我在此期间在两个地方进行实习，所以下面我将分别对两

份不同但又有着些许联系的实习经历做出汇报。

一、Intercruises 邮轮实习

在 Intercruises 邮轮公司的实习中，我的岗位是陆路服务工作，即对即将登船的游客服务，为他们办理登记手续以及对他们在船上所需要注意的事情做出指导，以便他们在旅途中玩得更加愉快。其中为客人办理登记手续是我必须要做好的事情，办理登记手续又分为为团队客人办理手续和为散客办理手续。而无论是为团队客人办理手续还是为散客办理手续，我都需要客人提供护照、银行卡等重要物品，因此在工作中必须细心，如果将客人的物品丢失，将会造成无法弥补的损失。

在为团队办理手续时，最重要的是"快"。由于团队数量较多，常常遇到两个旅游团在同一时间办理登船手续的情况，因此"快"就显得尤其重要。当然在"快"的同时还要保证工作的准确，比如在给客人贴房间号码的时候要逐一核对客人的姓名，而船卡上面客人的姓名又是用拼音表示，因此更要注意重名的问题，如果出现一点差错，将给客人登船以后的旅行带来麻烦，也有损公司的形象。

在实习期间，我的工作表现一直十分优秀。但是有一天，在我和搭档共同扫描客人护照的时候出现了重大的问题——办理完手续后发现团队的护照少了一本！这无疑是十分严重的失误，若是无法找到客人的护照，将导致客人无法登船，其损失都要由公司承担。虽然最后经过一天的努力寻找我们发现这本护照混在了别的旅行团队的护照中，并及时将它还给了原主，但是这个失误也是万万不该出现的。

二、北京皇家大饭店实习

随后我又在北京皇家大饭店找到了一份前台的工作。我本来打算应聘一份二线的工作，但是酒店二线的员工比较稳定，需要的实习生也比较少，使找到了一线的前台岗位作为实习工作。

在开始工作前我惴惴不安，畏惧即将面临的艰苦工作。果不其然，

前台的工作和普通的办公室工作有着巨大的差异。首先是工作状态，前台员工要一整天八个小时站在前台，除了中午半个小时的吃饭时间外几乎没有休息时间，这对于常年缺乏体育锻炼的我来说无疑是一个巨大的挑战。不过经过一段时间的适应后我感觉还好，而最让我不能接受的是三班倒的工作。早班7点开始，这意味着我五点半左右就要起床；而中班虽然是下午工作，但是下班时间已经接近晚上十二点；最最可怕的是夜班，从晚上十一点到次日早晨七点半，每周至少有一次夜班也是我最终无法坚持这份实习的主要原因。通常情况下男生每周有两个夜班，女生每周一个夜班，但是酒店一线人员长期不够，女生也会有两个夜班的情况。我就曾连续上两个夜班——下了第一个夜班回家补觉到下午五六点钟，吃过晚饭后再接着上第二个夜班，这实在是我平常不能想象的事情！每次上完两个夜班以后我的疲倦感就一直无法缓解，这种疲倦的感觉要带到下一个工作日，不断累积。

前台的工作内容和 Intercruises 差不多，像是一种升级版，系统操作更加复杂，通常要学习两周才能基本上手。由于北京皇家大饭店和外国的机组合作比较多，我面对的大部分客人是外国人，除了办理入住退房手续外，帮助他们解决遇到的各种问题（大部分是问路、打扫房间等）也是我工作的一大重点。这就要求我对酒店的环境和附近的出行情况有很好地了解，在解决客人问题的同时，还要尽可能地不耽误为别人办理手续的工作，并协调好不同客人之间的先后顺序问题。

三、实习感受

在 Intercruises 的工作中由于时间上比较短，就不做过多的感受总结了，重点对在北京皇家大饭店的实习工作做出以下总结：

酒店前台工作的确是如传闻中那样辛苦，这些辛苦是以前从未体会到的。它除了锻炼了我的体力（酒店前台的实习结束后我最直观的感受就是体力增加了不少），还锻炼了我的意志力，让我在艰苦的环境中不轻易退缩。当然除了劳累的工作外，前台工作的其他方面还是很让人满意的，在这里也可以学到更多的东西。比如面对的大多是外国客人，这不仅提高了我的口语能力，还加强了我与外国人对话的信心。在前台工作也会遇到各种各样的客人，有的客人耐心友好，这让我在工作之余心情也好了起来；而有的客人比较粗暴，尤其是因为我业务不熟练，客人会出现大声叫嚷的情况，而这时，通常我的师傅也就是酒店的老员工会过来帮我解围，这种员工关系也让我感到十分温暖。客人的满意会给我带来成就感，员工的帮助也使我十分感动。更重要的是，前台经理和员工的关系十分友好，甚至是面对实习的我，也会耐心指导，偶尔还会和我说起学校和生活上的事，传授我社会工作的经验。

经过了这次实习，我对未来的道路有了更清晰的认识与规划，这些经历教会了我在社会中为人处世的方法，更让我感受到了工作中的温暖与感动。

天津君隆威斯汀酒店实习报告

姓名：邓语涵
年级：2011 级酒店管理专业
实习单位：天津君隆威斯汀酒店
实习时间：2014 年 7 月—2014 年 9 月

一、天津君隆威斯汀酒店简介

威斯汀（Westin）是喜达屋集团中历史最悠久的酒店品牌，其据点分布仅次于集团中另一个国际连锁品牌喜来登。天津君隆威斯汀酒店坐落于天津市中央商务区和平区，毗邻天津五大道风情区，靠近滨江道商业区，是一所集餐饮、住宿、会议和休闲为一体的综合性五星级商务酒店。

二、实习内容与心得

作为一名酒店管理专业的学生，我在天津君隆威斯汀酒店实习已经有了一段时间。回想这次在酒店实习的点点滴滴，觉得从中获益匪浅，学到了许多在课堂和书本上都无法学到的知识。

我在实习期间的岗位是水疗部门的前台接待，主要负责接待顾客、接听来自顾客的问询电话和酒店其他部门员工的沟通电话、安排芳疗师的排钟、统计每天的收益以及录入提成等。也许在外人看来，前台的工作很简单，而事实上，它的程序复杂烦琐。在实习刚开始的几天，烦琐的工作让我一时难以完全消化，也犯过一些小错误，而这个时候，我的经理和负责教我的姐姐不但没有责怪我，反而给予了我足够的宽容、支持和帮助。我慢慢地在领导和同事们的悉心关怀和指导下，通过自身的不懈努力，各方面均取得了一定的进步。在这说长不长说短不短的三个月里，我发现要做好一项工作，心态必须调整好，无论工作繁重还是清闲，都要用积极的态度去完成我们的每一份工作。

实习中最让我印象深刻的是曾经有一位客人，喝得微醉，来到我们部门要做SPA，芳疗师们出于对他人身安全的考虑，不建议他这个时候做水疗。于是我主动为他点了粥，让他在我们的休息区休息一下，婉转地和他讲解其中的利害关系，最后找了服务员送他回房间休息。而在我实习结束后，听我的同事说，他后来再次住进威斯汀酒店的时候，还特意来到我们部门向我致谢。这件事使我非常感动，也更加坚信服务别人、看到别人愉快，也会使自己更加愉快。

实习让我们对社会有了新的领悟和认识。在酒店实习时，曾有一段时间，我发现自己的想法和观点是如此的幼稚，不过后来我就慢慢放开了。在大学里，我们只是一张白纸，只有通过实习才能体味社会和人生。在前台这个不起眼的岗位上，我能够感受到社会上的人情事理，能够一点点的学习社会经验和处世之道，了解人际关系的复杂性，这是整个实习过程中最宝贵的一部分。整个实习历程，让我不仅看到自己好的一面，也看到了自己在各方面的缺点与不足，并让我关注到之前不曾注意的东西。

实习已经结束了，这是一段令人难忘的日子，有欣喜、有汗水、有苦涩，很难用一言两语说清楚。这三个月的时间是短暂的，但过程却是漫长的，我要好好地总结归纳一下，改正自己的不足之处，重新整理自己的信心，迎接新的开始。通过这次实习，我学到了很多实际的东西，而这些恰恰是在课堂上所学不到的。

北京万商花园酒店实习报告

姓名：黄丹阳
年级：2010级酒店管理专业
实习单位：北京万商花园酒店

我的实习职位是总经理秘书。做总经理的秘书，首先要清楚做秘书的原则。在入职前，人力资源的经理就和我交代，作为一个秘书要谨记：我是为总经理服务，一切都要站在他的角度考虑，为他的利益着想，在完成他安排的工作的同时，还要考虑得比他周全，以协助他的工作。在态度上要注意，虽然看起来是与总经理很亲近的人，但不要忘记自己的职位并不高于其他管理人员，所以在协调或通知时要格外注意自己的语气。

我服务的总经理是一位美国人，由于酒店行政人员大多为中国人，还有些不会说英语，所以我很大一部分的工作是为他翻译。总结说来，我的工作分为以下几类：

一、收集需要总经理签字的文件

最初的几天，我只是等他们把文件放在我的桌子上，当文件较多时我就会直接交给总经理签字。后来由于我的文件没有记录，经常出现丢失的现象，虽然可能是有人取文件时拿错，但这也属于我的失职。后来我把文件上交时间改为每天固定的两个时间，早上8∶30和下午15∶00，这样通过大家给我文件的时间我便能判断他的文件是否已经签完。每当遇到全中文的文件时，我会用铅笔附上翻译，并把文件分类后上交。

二、为每日早会、每周工厂例会和领导来访做口译

酒店管理人员每天上午8∶50都会开一个简短的会议，会上每位经理都会简单地汇报前一天的情况。其中四名中国经理都会分别用中英文做汇报，而维修部的经理不会说英文，所以这时我要小声地为总经理做同传。刚开始我对酒店的各个设备并不了解，也不知道哪里容易出现问题，翻译得十分吃力。但几周下来我已对各个问题有了了解，翻译起来便十分轻松了。

每周一的下午两点，酒店会召开员工会议。会上总经理的讲话我会做一个交传。前几次的会议我十分紧张，因为不但要准确地记录他说的每一点，还要瞬间组织自己的语言，大声地讲给所有人。几次会下来，随着对酒店情况的了解，我积累了很多经验，也不那么怯场了。以前的例会都是由前厅的经理做中英翻译，自从我接手翻译任务以后，例会的语言改为中文，由我小声向总经理做同传。

我入职以后，多次遇到上级领导来访，就酒店的经济形势做了解与支持，这时需要我做交传工作。这项任务非常艰巨，因为我翻译的每一个词都很重要，而要在极短的时间内表达出相应的意思十分有挑

战性。一次我为总经理和总公司派来的中方人员翻译，会上火药味十足，气氛十分紧张。我每翻译出一个重点的词，另一方就会抓住这个词不放，那次会议持续了近两个小时，会后我感到十分疲劳和紧张。这时候我又意识到了自己要十分重视的一点，那就是做好保密工作。两位领导的对话涉及很多人，也很有针对性，所以我不能因自己的疏忽向任何人透露。

三、文件的翻译

在酒店会有很多的政府文件需要翻译，这些文件文体正式，很难把握，翻译前需要查阅大量的资料。幸好在这份实习工作之前，我曾在翻译公司兼职笔译，也翻译过很多合同、协议等重要文书，所以酒店的这些文件对我来说并不陌生，虽然翻译量很大，文字很多，但我能够两天翻译完七千字左右的文件。

四、协助总经理完成日常工作

总经理每天十分繁忙，所以工作与生活上的琐事都没有时间解决，而我就负责了这些事，这也让我接触到了他的司机、家人和保姆。平时只要他需要安排车去任何地方，就会给我发短信，我会立刻通知他的司机，并安排行程。当然，我也因马虎出现过失误。一天他给我发邮件，让我去一个酒店接他和家人，而我因为马虎便看成了接他和家人去酒店。那天司机在他家已经等了20分钟，不过还好没有耽误他们做礼拜。除了行程，我还协助他安排生活的问题。有一次他家里空气净化器的过滤网需要更换了，他给了我供应商和家里保姆的电话，让我安排维修。我经过多番联络，最终安排了维修，做了报销。可见做秘书要非常细心，就像对酒店的客人一样无微不至，因为一个很小的问题可能也会引发很大的损失。

五、英语培训

我的另一项工作是为酒店的员工做英语培训，每周两节，分别为初级班和高级班。初级班讲授初级商务英语，主要面对保洁或英语基础较弱的员工；高级班讲授与职业息息相关的英语知识，以各部门的常用话题为基础，进一步提高主管等工作人员的英语水平。由于我在校期间长期做成人英语培训，所以这项工作对我来说再熟悉不过了。其中初级英语的课件都是我以前做好的，讲课的时候我非常自信，虽然初级班的课在周日上午，但从无任何人缺席。

实习很充实，虽然工作繁忙但每一天都学到了新知识，都有更大的进步。周围的领导都表扬我学习与适应能力强，遇到不会的东西不逃避，敢于迎接挑战。在工作中我也发现了自己的不足，我的经验不够丰富，遇事容易着急，总犯很幼稚的错误；在翻译上我还要提高自己的能力，我还为此买了很多笔译和口译的书做练习。这次实习经历让我变得更自信了，我也发现了自己做一名职业秘书的潜质。

北京胡同仁茶院酒店实习报告

姓名：吕蒙
年级：2010级酒店管理专业
实习单位：北京胡同仁茶院酒店
实习时间：两个月

在大学的第三年，我们利用两个学期的时间对酒店管理相关的专业知识进行了学习与了解，从酒店中各个部门的任务、职责、特点，到部门之间的合作与协调关系；从全球酒店发展的最新趋势，到酒店集团的运营形式。经过这一年的积累，我们终于在大学的最后一个暑假里，真正地走入社会完成实习任务。

一、实习单位

北京胡同仁茶院酒店位于北京著名4A级景区南锣鼓巷，是一家涉外文化旅馆连锁机构，主要目标客户80%为外国友人。

北京胡同仁茶院酒店倡导"家的文化"，让每个旅途中的朋友在这里找到家的感觉，享受家的氛围。北京胡同仁茶院酒店为典型的老北京四合院风格，拥有古典客房、复式客房、茶艺室、DIY厨房和生态庭院。酒店不仅为客户提供基本的住房需求，而且创意开发了系列产品，如：创意饮食、光阴茶叙等。

二、实习概况

我的实习职务为前台接待。相对于餐厅和客房我更喜欢前台接待的工作，虽然经过了一年的专业知识学习，但当我第一次走上工作岗位的时候，仍然觉得忐忑。前台对一个酒店来说极为重要，是每位客人对酒店形成第一印象的地方，也是最先对客人产生影响并做出服务的部门。一家酒店的工作效率以及利润的创造，基本上都是从这里开始的。与此同时，前台的服务基本涵盖了酒店所能够提供的大部分服务项目，例如客房预订、迎宾送宾、旅游咨询、手续办理，等等。因此，需要前台服务人员对酒店的各个部门都有足够的了解，这样才能为客人提供满意周到的服务。

我的前台工作班次分为早班、下午班和夜班三个班，轮换工作，并一周一休。这样的安排让我很快地得到了真正的锻炼，在工作量小的时候带班同事会对我进行指导，而工作量大的时候又可以直接接手工作、直面顾客，更多更快地吸取经验，迅速成长。

在实习中，我对酒店客人如何登记入住和退房等一些基本的前台日常操作有了更为深入的了解，并有机会进行了实际操作。我的工作主要包括接待、客房销售、办理入住登记、退房及费用结算、与各合作预订网站进行沟通等。当然，工作内容也包括为客人答疑、帮助客人解决各方面问题、电话转接、TAXI外叫服务及飞机票订票业务等。另外，由于前台是每个客人最先直接接触的部门，所以很多客人的要求往往并不会直接向服务员提出，而是选择他们最先接触的部门——前台。因此，前台工作人员还要作为整个酒店的协调中心，进行一系列的沟通协调工作。

也许，我们会觉得前台工作很简单。但事实上，经过了真正的实习，我认识到前台工作的程序复杂，内容繁多。我们只有保持良好的态度、足够的耐心和饱满的热情，才能又快又好地为客人提供服务。

通过这次实习，我比较全面地了解了特色酒店的经营方式，接触了形形色色的客人，并结识了很多不错的同事和朋友。我实习的酒店接待的多为外国客人，这让我的英语口语有了很大提高，同时更加了解了外国客人在酒店选择与需求上的特点。实习让我更深刻地了解了社会，它拓宽了我的视野，也教会了我如何去适应社会、融入社会，并帮助我完善了自己的职业规划。

三、反思与收获

短短两个月的实习使我对酒店的工作有了更深刻的认识与理解，也得到了一些宝贵的酒店工作经验。

第一，使我感受最深的是与客人的交流与互动。在工作中，并不是每个客人都能够态度良好、善解人意。而当我们真正地面对客人的指责、苛刻或不理解时，作为初入社会的大学毕业生，我们往往很难控制自己的情绪，气愤或委屈都是难免的。但无论我们表现出哪一种负面情绪，都会影响到我们的服务水平，从而影响酒店的声誉。所以，我的经验是：在面对客人的不满时，先反思自己，安抚客人，尽量放低自己的位置，不要表现出任何负面情绪，心平气和地做出合理的解释并提出解决措施，千万不能因为自己一时的情绪失控而给客人留下不好的印象。另外还要注意的是，千万不能把负面情绪带到工作中，无论是疲惫还是烦躁的情绪，都会影响客人的感受，尤其是在夜班时段，要尽量打起精神，给客人最好的接待服务。

第二，要学会与同事相处。作为大学生的我们，是工作单位中资历最轻、经验最少的一个群体，而我们身边的同事就是我们最常接触、最贴近我们的老师；但在工作单位中，我们要面对的往往是比我们年长的成年人，这时我们就一定要注意自己说话做事的方式方法，要考虑到年龄差距、资历差距所引起的隔阂与代沟，从而避免引起同事的反感或不快。所以我认为在面对新的同事时，首先要做到尊重，尊重他们的工作资历、尊重他们的个性与处事方式；而后要多与他们沟通，以晚辈的态度向他们请教和学习。我的实习经验是，相处可以先从观察开始。从工作的第一天，细心地观察同事的习惯与个性，而后通过大量的沟通来增进了解，这样不仅能够在工作中得到同事的帮助，还能够收获新的朋友。

第三，是要习惯竞争环境，要会表现自己。实习之后我感觉到了工作中的竞争现象比学校更为激烈，如果不努力就等于在退步。在学校如果默默无闻，只求平稳的话也许没有太明显的弊端，但在工作中就很有可能失去宝贵的机会。所以，不断地提升自己的知识与能力，适当地在工作中展现自己的优势与能力，才能使我们工作得更好，发展得更长远。

四、问题与不足

第一，我认为我的专业相关知识还不够丰富，覆盖面还不够广泛，并且缺乏深度，所以在今后的学习中，还应继续吸收各类知识，以应对快速发展的酒店业的需求。

第二，通过实习，我发现自己在情绪控制方面做得还不够好，今后还应该在这一方面多多修炼，不再为客人的刁难而感到委屈不平，从而成为更加专业更加合格的酒店人。

第三，我认为自己在处理突发情况这一方面还有欠缺，因为实践经验不足，在遇到特殊情况时往往不能做出快速准确的判断与决定。所以我希望以后能够更多地积累实习经验，不断增长见识，提高能力，为今后真正进入社会工作做准备。

五、总结

为期两个月的实习虽然结束了，但我对酒店行业的热爱和继续学习的决心却没有结束。

虽然工作的确辛苦而忙碌、繁杂而乏味，但是责任的确重大而不可推诿。客人的责难会让我委屈难平，工作的压力也会让我想要退缩，领导的批评有时也不那么容易接受。但客人满意的微笑、同事的宽容和鼓励、完成每一个任务后的成就感，都真实地激励着我不断地跨越障碍，战胜恐惧与困难。

正是这三个月的学习与锻炼，让我更加理解了这个社会和这个行业。这次实习的收获无疑会让我的人生经历更加丰富，人生感悟更加深刻。而更重要的是，它能够帮助我在未来走出校园、面对社会时，表现得更加从容、更加成熟。

北京励骏酒店实习报告

姓名：柯民
年级：2011级酒店管理专业
实习单位：北京励骏酒店
实习时间：2014年7月

2014年7月是我第一次以员工的身份踏入社会，在酒店这一特殊领域中开始实习。虽然实习时间不长，但是体会颇多，终于领悟到"纸上得来终觉浅，绝知此事要躬行"的真谛。

本次实习的职位是北京励骏酒店的餐饮服务员，通过在餐饮部L-cafe餐厅中充当服务员，学习相关实践操作知识进而与学校课堂中学习的理论知识相结合，弥补知识板块中的短板，同时提高自身酒店素养，为成为一名专业的、国际化的酒店管理人才而努力。我希望这次的实习经历可以帮助自己今后更好地投入到社会工作中。

国内大部分酒店管理专业院校由于多种因素的限制，无法给予酒店管理专业学生实际操作的经历。教师在课堂教学中主要注重专业理论的教学以及学习能力的培养。然而酒店行业并不需要书呆子，需要有专业知识和专业技能的国际化人才。因此，大学生要适应行业以及社会的生存发展需求，除了需要熟练掌握课堂的教学知识，还需要融入社会，从实践中得到知识，通过实习培养自己的适应能力、组织能力、沟通协调能力和分析解决问题的能力。

在短短几个月的实习中，我体会到成为专业酒店管理人才需要以下素质：

首先，酒店是一个精细的服务行业，耐心和细心是酒店工作者必需的素质。在酒店中，酒店工作者每天面对不一样的顾客，每个顾客都有自己的性格；客人还会提出各种难题，有的客人彬彬有礼，有的客人胡搅蛮缠，不可理喻；因此酒店从业者需要有足够的耐心服务并帮助客人，使其有宾至如归的感受。例如，在 L–cafe 厅工作时，指引顾客就餐时就应该询问顾客是否需要吸烟，希望座位在吸烟区还是非吸烟区。酒店一线从业者一般是倒班作业，因此需要交接好工作。有一次，酒店主管 A 忘记将第二天 150 人的预订写在预订本和交接本中，交接时也忘记嘱咐，引来客人强烈不满，引起顾客投诉。

其次，酒店是一个人与人直接接触的服务行业，酒店从业者不仅需要与顾客交流，更需要与同事、领导沟通才能更好地服务顾客。因此，沟通交流能力也是酒店从业者需要培养的关键能力。沟通不畅不仅会影响员工自身的工作状态，而且会影响服务的质量，导致顾客的不满甚至给酒店带来损失。在实习的过程中，我亲身感受到送餐沟通不畅导致酒店的重大损失。那天，酒店一位穆斯林 VIP 在十六层行政酒廊中用餐，他希望点一份广式腊肉汤面，但是将里面的猪肉换成牛肉，十六层的服务员 A 将这个订单告诉了总机以及送餐员，总机将这份订单给了厨师。经过这样的层层沟通后，端到顾客面前的依旧是有猪肉的广式汤面。这令 VIP 非常生气，经过协商，最终酒店向 VIP 赠送巧克力、红酒以及免除房费作为赔偿。然而在事故纠责过程中，每个部门的人员都在相互推卸责任，不愿意承担相应的责任。这次事件表明，酒店送餐过程中员工之间没有进行良好沟通。我应该在今后的学习工作中加强自身的沟通交流能力，多与不同的人沟通，而不只是学习书本中的知识。

再次，酒店岗位需要理论与实践相结合的复合人才，而不需要只懂理论却不会变通的呆子。变通是酒店人必备的专业素养。刚进入酒店时，除了入职培训还有各部门的培训。在培训时，我们接受了预订流程、点餐流程、饮料服务流程、酒水服务流程等方面的培训，但是在实际点餐过程中，很多场景下我们不能按照流程进行，需要根据顾客的需求随机应变，遵从"顾客是上帝"的理念甚至打破规定，从而为顾客提供满意的服务。我在培训后为客人服务时太过于死板，经常会感觉自己非常不适应这样的变通。于是，我尝试改变自己以往死学习的学习模式，研究变通的技巧，收获颇多。

最后，酒店业是一个对体力和脑力高强度考验的行业，酒店从业人员必须具有吃苦耐劳、微笑服务的精神。酒店是一个全天服务的场所，因此，夜班的工作人员需要调整自己生物钟的作息，以最好的姿态迎接顾客；餐饮服务人员需要早起备餐欢迎顾客；客房服务人员需要坐班以备随时为顾客服务。一位餐饮部服务员大姐，既需要照顾自己脑瘫痪的丈夫，又要每天早起五点半上早班，但她每天都会微笑对待每一个同事以及顾客，甚至在擦餐具时都会哼着小曲。她总会说"开心也是一天，不开心也是一天，不如开心生活，开心生活总是幸福的"。每当我觉得自己工作非常累的时候，就会想到她，就能感受到了酒店人的坚强与乐观。

大学四年，我虽然有兼职的经历，但仍对自己今后的工作有许多迷茫和不确定。四年课堂中，我学习到许多理论知识、许多道理，但是在硬性的操作中，我并不够扎实。这次实习经历让我从初步的生疏到后面的游刃有余。在实习过程中，虽然碰到困难和曲折，但是我全身心投入工作，克服重重困难，体会到工作的乐趣，学习到很多新的知识和经验，开阔了视野，丰富了阅历，缩短了抽象的课本与现实之间的距离，对实际工作有了一个新的认识和开始。我将扬帆起航，带着这份宝贵的实习经历，扎扎实实地开始新的工作。

北京励骏酒店实习总结

姓名：史碧涵
年级：2011级酒店管理专业
实习单位：北京励骏酒店
实习时间：三个月

大三暑假如期而至，在北京第二外国语学院学习了三年酒店管理的我决定将所学到的知识用到实际中，在实践中检测自己专业的不足，巩固所学。于是，我来到了暑假前学院就组织参观过的北京励骏酒店。

酒店位于金宝街，与充满人文气息的王府井及红色砖墙的四合院咫尺相望，和深邃悠远的紫禁城交相辉映，处处浸透着凝重典雅的文化底蕴。酒店的外观带有浓郁的南欧装饰风格，结构上充满了新古典主义意向。精致典雅的法国庭院式园林与米黄色的外墙浑然一体，一砖一木都经过精心考究，尽显19世纪巴黎风情，更显现出卓然天成的风貌。古典的格局和雅致的风貌延伸至每一间精心布置的酒店客房及套房。精致的雕饰，古典的家具，独特的吊顶设计，使整个客房层次分明，空间感十足。酒店的餐厅和酒吧设计迥异，弥漫着浪漫气息的法式餐厅，充满异域风情的池畔酒吧及Camoes葡萄牙餐厅倾力奉献出地道葡萄牙的美味珍馐。与大堂相连的名品街汇聚世界各地的奢侈品牌，足不出户，顾盼之间尽可感受怡然的购物乐趣。

一、行政酒廊实习

Noble Club Lounge（NCL）尊贵会是励骏酒店行政酒廊的全称，这个高贵私密的场合负责为订住套房的 VIP 客人提供较咖啡厅更为精致的早餐、下午茶、全天茶饮及更周到的服务。每日来往办理入住退房的客人并不多。初来乍到，在与每一个和我年龄相仿的员工以及经理互相认识后，正式的工作开始了。基础学习、信息了解是每个酒店实习生的必修课程。老员工 Alice 给我讲解酒店基本信息、前厅部专业术语、每日检查项目等。在 Alice 的带领下熟悉酒店中的每一个部门占据了我第一天全部的工作时间。我对酒店的一切未知的工作体验充满了好奇，但这并不能缓解我穿着 5 厘米高跟鞋行走一天的疲惫。实习就是学习，就是实践，只要能有所收获，累也值得！我暗自给自己加油鼓劲。餐具摆放，咖啡机、传真机、榨汁机等机器使用，为客人服务的礼仪、礼貌用语等无比细化的项目，在一天天实习中循序渐进，但总有打破例行项目的新鲜事物加入每天我所要学习的列表中，每天都有新收获。

二、大堂的体验

一个月的实习结束后，我被调到了一层 GRO。最令我兴奋的是终于可以接触到国际酒店通用的 Opera 系统。我把老员工 Summer 所传授的每一节课都牢记在笔记本和心上。帮来往的客人接拿行李、开电梯、为客人指明目的地方向，一站一整天，枯燥而疲惫，不管是哪个班次，吃饭加上休息的半个小时都显得弥足珍贵，感觉所有的饭菜都是那么的可口。虽然累，可是"客人第一位"的信条已经深深根植于我的内心。无论心情如何，我一直保持着面带微笑，给客人最热情服务的作风。虽然是新人，却得到了 RM 和 FOM 的一致肯定和表扬。离开励骏两个月后，我的相片仍然挂在优秀实习生宣传栏上。

在酒店不同分支部门的 3 个月实习过后，我对酒店产生了特别的感情。曾经让我觉得疲惫痛苦的三个月变成了人生经历中弥足珍贵的一部分。但对我而言，最大的收获并不是学会了哪些酒店知识和待客之道，也不是锻炼了自身的素质，而是在辛苦乃至痛苦后对自身不足之处的发现和对行业的基本认识。如同央视著名记者柴静在她的个人自传中所说的："我们在不断锻炼中总把痛苦当成宝贵的财富，但其实痛苦就是痛苦，对痛苦的思考才是财富。"回到学校继续学习后，我知道了自己的盲点在哪里，并且开始如饥似渴地学习。三个月对于漫长的人生来说是短暂的，但让我得到的却是受益一生的宝贵财富。

FESCO 北京外企人力资源有限公司、福士登酒店实习报告

姓名：王宇琦
年级：2011 级酒店管理 1 班
实习单位：FESCO 北京外企人力资源有限公司 福士登酒店

实习，是大学教育最后一个极为重要的实践性教学环节。通过实习，我们真正接触到了本专业相关的实际工作，增强感性认识，培养和锻炼我们综合运用所学的基础理论、基本技能和专业知识，去独立分析和解决实际问题的能力，把理论和实践结合起来，为我们毕业后走上工作岗位打下基础；同时可以使我们积累经验，检验自身不足，并为自己能顺利与社会环境接轨做准备。

我经历了两个不同地方的实习。一个是 FESCO 北京外企人力资源有限公司，公司的主营业务是人力资源，和我的本科专业并不一样，但人力资源关系到我们以后工作中的方方面面，我很庆幸，自己在即将毕业的时候有机会对人力资源的知识有一个全面而细致的了解。而当时我并不知道，在 FESCO 实习有另一个益处。FESCO 名字中虽然含有外企两字，实际上却是一家为外企提供人力资源服务的国企。FESCO 是北京成立最早的人力资源服务公司，接待的都是大型外企，例如我所在的业务部，分管的客户公司就有宝马汽车、德意志银行、LG 电子这样的大型外企。由于工作性质的原因，我得以经常出入于各大外企的办公区域，有时时间竟长达 15 天，充分感受了一番 500 强企业的工作节奏与环境氛围。

初到 FESCO 的那一周是极其忙乱与慌张的。在最初的慌乱过去之后，我才得以静下心来，细细打量这个陌生的环境。原来在我的印象中，人力资源仿佛只是悬在门上的一个标志，并无多大分量，这里的工作仿佛都非常容易。然而 FESCO 的出现填补了我这方面的空白，纠正了我的错误认识，为我上了颠覆性的一课。FESCO 作为一个专注于人力资源服务的公司，将人力资源做到了极致，从员工的入职开始，各项人事手续，包括工作居住证、集体户口、留学归国、职称评定手续、各项社保公积金手续，也就是我们平时所说的"五险一金"手续，以及各项福利报销手续，包括医保、供暖等很多手续，都是其业务范畴。这完全颠覆了我从前对人事服务的理解，也直接反映了我之前是多么的无知，至少从规模上，我已经感受到这份工作的重要程度了。而 FESCO 的人员规模和分配也完全配得上它的庞大的客户群体与精细的运作方式。FESCO 在北京设有 11 家办事服务机构，在全国建立了 60 余家投资公司及分公司。在位于雅宝路的总部，共有 12 个业务部。全国业务发展部、人事档案部、财务外包中心等众多部门在一幢大楼里高效而精细的运转着，每时每刻都会有新的面试在进行，有新的业务在受理。人们来来往往穿梭于不同的部门间，脚步却没有丝毫停留，时刻展现成熟大型企业的风貌。

接下来，我去了福士登酒店实习，也是主要负责酒店人事方面，同时也接触了酒店不同部门的员工。我慢慢地学着熟悉这一切，学着将自己投入到工作状态中。但毕竟这对我来说是一个全新的领域，许多前辈们眼中的常识，实习生理所应当掌握的概念，我却闻所未闻，于是在这里我又养成了随时学习、随时记录的习惯。在学校里遇到新知识，我可以慢慢地学，不明白时可以问老师、问同学，直到真正明白为止。但是在企业里却不再那么简单，每一天都有不同的东西要学习，我不可能还像在学校里慢慢学习直到弄懂为止，因为这样不仅仅拖慢了自己工作的进度，同时也拖慢别人的进度，降低了工作效率。在实习的过程中，我学会了根据别人的解说而在自己脑海里勾画出工作的流程及结构、可能遇到的问题以及要注意的事项。没有人会教你很多东西，一切都是自己不断观察、不断学习、不断实践得出来的。刚来的几天，每天都觉得信息量太大，接受不了，但又感觉很充实。因为在工作期间学习到别人不同的处事方法，学习了很多在学校学不到的知识，这使我的实际运用水平又上升了一个台阶。

此外，在实习期间做得最多的一件事就是与人沟通，这里已经不仅仅是学校里平等的同学关系，还有各式各样的上下级关系、公司与客户的关系。一份材料的上报、审核、批复，是一个很复杂的流程，要想出色地完成任务，在公司里面与同事、领导之间的统筹安排，对客户的协商沟通都是必不可少的。一个清晰的步骤和得体的待人接物的方式，可以极大地简化工作流程，节约时间成本。在这里我也很幸运遇到了一些很好的领导，教我之时极有耐心并且很负责任。如何处理好与上级、同事以及顾客的关系是我们当代大学生进入社会后必须要面对的重大问题。进入社会后，我们就成为了社会人，这与校园人有本质上的差距，尊重领导、尊重同事、尊重客户，这是我们应该从实践经历中学到的。

经过三个月的实习，我感受颇多。工作的经历教给我一种全新的思维，它使我得以走出封闭的大学校园，第一次以一个社会人的心态看待这个世界。当然更为实际的是，这段时间的磨炼，使我懂得了企业人力资源管理运作的基本流程，对社会保障、"五险一金"等以前脑海中的空白区域有了全面了解，锻炼了我的实际操作能力，对以后的学习和工作都有很大的帮助。

艺龙旅行网、嘉里中心大酒店实习报告

姓名：衣龙啸
年级：2012级酒店管理专业
实习单位：艺龙旅行网、嘉里中心大酒店
实习时间：2014年3月—2014年10月

根据学院培养方案与要求，我利用暑假及节假日时间，分别在艺龙旅行网市场部与嘉里中心酒店餐饮部实习。在这期间我收获颇丰，从酒店互联网预订及酒店一线对客服务这两方面进行了深入了解，并切实体会到实践的重要性和学习的必要性。

一、艺龙网信息技术（北京）有限公司

（一）艺龙旅行网简介

艺龙旅行网是中国领先的在线旅行服务提供商之一，通过网站、24小时预订热线以及手机艺龙网三大平台，为消费者提供酒店、机票和度假等全方位的旅行产品预订服务。艺龙旅行网通过提供强大的地图搜索、酒店360度全景、国内外热点目的地指南和用户真实点评等在线服务，使用户在获取广泛信息的基础上做出旅行决定，开始轻松愉快的旅程。

（二）实习内容

我在艺龙网实习的职位是酒店合作伙伴部的助理实习生，简单来说，就是市场助理。具体工作是协助市场经理进行目的地酒店市场的分析和调查，制作、录入及维护酒店产品；进行酒店产品及相关价格

的录入更新；处理客户投诉等，甚至在吃饭或者睡觉的时候，都会接到酒店市场部的电话，询问在线预订系统或客户服务方面的问题。虽然私人时间会被打扰，但是正是在不断地解决问题中才能提高我的业务能力。同时，我还主动承担起实习生 leader 的任务，每天记录考勤，向实习生派发每日任务，每天下班撰写任务汇总。我的每周考核均为优秀，实习期间，我还主动去了解其他部门的工作，以便更多地了解公司体系。

（三）实习收获

虽然工作不像学习那样轻松，需要每天 7 点起床，挤地铁、公交，每天做 MBL，每天给酒店打电话追预付追欠款，但是我很快适应了艺龙的快节奏生活。成功谈下每一个预付产品的成就感，在艺龙的每一个收获每一个感动，以及愉快活泼的同事氛围，都让我记忆犹新，收获颇丰。

实习不仅是本科教学计划的重要组成部分，也是我们实践教学的重要环节。通过实习有助于我们与社会、与企业的双向了解；通过身临其境对自己即将工作的岗位、工作条件、工作环境等有个心理上的准备；可以检验我们通过学习，是否已经掌握了酒店专业的基础知识、基本理论和基本技能，是否具备独立获取知识、提出问题、分析问题和解决问题的基本能力及开拓创新的精神，是否具备了一定的从事本专业业务工作的能力和适应相关专业业务工作的基本能力与素质。

在艺龙旅行网的实习使我对酒店互联网预订产生了极大的兴趣。通过艺龙的互联网资源，我了解了中国的酒店行业趋势，明白互联网预订已是大势所趋，甚至北京周边的农家院都懂得加入互联网模式帮助自己推销房间。如果酒店仍依赖传统的 walk–in 订房,早晚会被社会所淘汰。互联网浪潮正在袭来,酒店人要学会适应。

二、嘉里中心大酒店

(一)嘉里中心简介

北京嘉里中心坐落于北京中央商务区核心地段,是一项集商业、办公、公寓、饭店及休闲娱乐设施于一体的大型综合性多用途物业。嘉里中心位于朝阳区东三环路与光华路交界,整项发展已经分期启用,整体规划包括两幢甲级办公大楼、两幢设备完善的豪华公寓大厦,共设 195 套装修雅致的住宅单位、一座商务饭店、会员健身会所及购物商场。

(二)实习内容

我工作的部门,是香格里拉麾下北京嘉里中心饭店的炫酷酒吧。酒吧布局简洁,红色和金黄色是酒吧的主色调,鲜艳、时尚又不失稳重,为商务洽谈、会友小酌提供了一个与众不同的时尚去处。

我的工作职责是为刚来的客人领座、点单;客人离座后帮助收拾桌椅,保持用餐环境卫生;同时要随时响应客人需求,解决客人在用餐过程中遇到的问题。刚开始由于很多鸡尾酒、红白葡萄酒都是英文或法文,还都是我之前完全没接触过的内容,面对着厚厚一本 menu,我真的有些懵。很多客人在点单时不会看酒单,他会直接说:"Cosmopolitan and a glass of Sauvignon Blanc, please."我完全不能理解,就只能默默地背下客人所说的内容,然后回去向老员工大概复述,让她帮我点单。但这并不是长久之计,于是好学的我找经理要来了电子版的酒单,回学校后一个一个对照着记忆,不懂的就多问,幸好 Centro 的哥哥姐姐们都很好,他们会很耐心地教我。

酒廊左侧是一排舒适柔软地红色沙发。白天坐在沙发上,阳光透过落地的玻璃窗,一边品尝着鸡尾酒,一边上网浏览信息,也会有客人点燃一支雪茄,享受着鸡尾酒和雪茄对味蕾的极致刺激,安静地注视着酒吧的人来人往,享受着属于自己的下午。也许是身处国贸商圈的缘故，炫酷酒吧白天有很多商务人士光顾，人虽然很多，并不嘈杂，大家都在属于自己的空间里，轻声交谈。炫酷酒吧宽敞开阔的空间放松了人的神经，淡淡的微笑加上鸡尾酒的甜美，商务会谈原来也可以如约会般轻松愉快。

来Centro就餐的客人多为商务客人或直接入住在嘉里中心的客人，行为举止文明且绅士，所以在服务的过程中，只要面带笑容彬彬有礼，客人是不会为难我们的。尤其Centro遇到一些特别爱聊天的外国朋友，他们听说我是二外的实习生，都会热情友好地跟我聊天，这样不仅锻炼了口语，还使我的服务经常得到他们的表扬。

（三）实习收获

通过实习，锻炼了我的实践能力，将学习的理论知识运用于实践当中，反过来还能检验书本上理论的正确性，有利于融会贯通。同时，也能开阔视野，完善自己的知识结构，达到锻炼能力的目的。这次实习让我对酒店管理的专业知识形成了一个客观、理性的认识，从而不与社会现实相脱节。

北京万达索菲特实习报告

姓名：郑露思
年级：2010级酒店管理专业
实习单位：北京万达索菲特大饭店
实习时间：2013年7月—2013年10月

一、前言

　　三年的大学生活转瞬即逝，为了能对酒店管理更加深入的了解，这个暑假，我决定到一家大型饭店进行为期两个月的实习。在经过了简历投递和重重面试之后，我非常幸运地获得了在北京万达索菲特大饭店实习的机会。之所以选择北京万达索菲是因为它是法国索菲特品牌在亚太区的旗帜酒店。酒店被第四届中国酒店星光奖评为"中国最佳顶级奢华酒店"。在这样一个国际化奢华大酒店中实习，我必定能对高端酒店有一定的了解。我选择的实习职位是前台接待，因为我觉得对于一名初进酒店工作的大学生来说，前台接待无疑是一份能在最短时间对酒店整体的文化和组织构架方面有最全面的了解的工作。

二、实习过程简述

　　实习第一天，我9点钟准时到岗。前台接待主管Justin把我从人力资源部带到了前厅部办公室，并直接把我介绍给了GSM负责人——Aurora。Aurora是一位中年女士，说话声音非常柔和，给人很亲切的感觉。Aurora在简单地问询了我的一些基本情况后，给我布置了当天的任务，也是所有新人的第一个任务，就是看万达索菲特大饭店的简介和前厅部的基本介绍。

通过一天的阅读，我背诵了万达索菲特基本信息，包括它的地理位置，酒店楼层分布和客房情况。最重要的是我对前厅部的组织构架有了一定的了解。接着我陆陆续续地认识了前厅部的经理 Samuel、副经理 Elsa、行政楼层主管 Kelvin、礼宾部主管 Tommy、前台接待另一位主管 Jane、负责给 VIP 客人积分的 Claire 和负责 PSB 的 Dena。

第二天，Elsa 就安排我跟着 Justin 到外面前台去学习一些简单的操作。当我身穿黑色制服站在气派的前台时，我内心顿时感觉到了我就是这里的主人，我有义务尽我所能去服务好每一位顾客。我记得那天的客人不是很多，所以 Justin 很耐心地为我讲解了如何为客人打印发票，如何根据客人的住店时间做房卡，如何把客人的证件信息录入电脑系统等比较容易的操作。我很认真地把他教授的步骤记了下来，并积极尝试操作。到下午的时候，我就可以驾轻就熟地为客人办理这些简单的业务。当时我真的很开心，因为我深刻地体会到了我也是万达索菲特形象大使中的一员，我也可以为这里的客人提供帮助了。

然而实习的第三天就不如我想得那么简单了，因为这一天我开始真正地接触到整个酒店的电脑信息操作系统——Opera。整个电脑系统都是英文显示，虽然对于我来说认识上面的单词不算难事，但是要理解它们的作用以及如何操作它们是很让我头疼的事情。我站在 Justin 身旁，看着他熟练地操作 Opera 系统为客人办理 Check in 和 Check out，我很是羡慕，非常希望我也能快速掌握。天不遂人愿，那天的客人非常多，可是当班的接待人员只有 Justin、我和另一位实习生 Aimee，虽然 Aimee 已经可以娴熟地接待客人，但是面对络绎不绝的客人，两个人还是招架不来，很快大堂已经排起了长队。有一些中国客人开始烦躁不安，抱怨我为什么不能办理。我的脸立刻很红，我很尴尬地告诉客人我是刚来的实习生还不会操作。客人听了虽然没有很生气，但还是抱怨说前台一共就三个人，还有一个人不能办事。当时我听了这话顿时很难为情，我一边安抚客人再稍等一下，一边跑到办公室找了 Aurora 出来帮忙。看着顾客被分散了一些，我才松了一口气，并暗暗下定决心一定要赶快学会系统操作。Justin 肯定是没有时间一步一步教我了，于是我开始了我的自学计划。我眼睛不眨地盯着电脑屏幕并努力记住 Justin 按键的步骤。一次不行，两次不行，但是在七八次之后我已经基本可以把 Check in 的操作顺序写出来了。晚上回家之后，我立刻上网购买了一本 Opera 系统教程。既然别人不可能手把手地教我，我就要自己多听多看多问。

第四天，依然忙碌，但相比于昨天的 Arrival 和 Departure 人数来说还是比较轻松地一天。中间 Justin 开玩笑地问我昨天觉得怎么样，有没有觉得心力交瘁，体力不支。我把我的学习方法告诉了他，Justin 表扬了我的积极上进。这一天他又教给了我一些昨天我看不懂的业务。我依然在他身旁打打下手，为客人办理些简单的业务。

就这样，日子在忙碌中过得很快，转眼快一个月了。我在逐渐熟悉接触前台的工作职责、工作范围基础上，继续积累前台的工作经验和相关的工作技能，包括前台对客服务技能和深入认识索菲特前厅的服务理念。对处理酒店事务和前台及其辐射出的其他部门之间的关系有了初步的认知，例如前台员工需要对酒店的产品有清楚的认识，对相关部门的服务流程有一定了解，这样才能在对客服务中运用充分的部门协作来完成；对于前厅的相关专业术语和概念也有了一定了解和认知，比如平账、锁房、假房的出现，日用房、担保预订、虚拟账户等相关概念；在实践中认识了团体及散客接待的相关程序，了解了住客信息变化的处理，认识了前台主要的业务范围及服务程序，了解了一些相关的表格使用。在这期间我参加了由人力资源部门举办的为期三天的入职培训，主要是由酒店各部门经理来介绍各部门基本情况，然后由人力资源部的培训人员为我们讲解万达索菲特的企业文化，最后也是比较特别的一项是基础法语培训。由于索菲特是法属品牌，所以简单的法语是每一位索菲特形象大使必备的知识。

在实习结束的时候，我同 Justin 还有几个关系不错的同事进行了聚餐，他们也对我未来的工作和学习送上了祝福。

三、实习感受与心得体会

1. 制定标准与执行标准

"无规矩,不成方圆"。不论是本土酒店还是国际连锁高星级酒店,对于标准,无不是从一而终地在追求高水平的政策制定和执行水准。

索菲特前厅部,对于标准的执行和更新,可以说是得到严格地落实和监督。前厅的服务质量或品质对于任何一家酒店都至关重要,因为前厅服务品质的优劣好坏直接反映了酒店的对外形象、经营效果和管理水平。索菲特前厅当前所贯彻施行的 Sofitel Brand Standard,不仅对于各个前厅相关部门提出了更高的操作标准和服务要求,也是对于索菲特前厅服务品质形象的进一步塑造。

制定后的高标准同样更加需要有强有力的监督力度。在我们执行每一项标准的过程中,都会有标准被扭曲,被破坏的每次"破窗效应"产生,如何更有效地扭正每一次的标准执行差异,不仅考验管理者的管理水平,而且也在检测着酒店的监督体制。索菲特前厅采用内外相结合的监督体制来最大程度保证高水平服务品质。在这个监督体制中,酒店内部管理者对于服务质量的监控占主导地位,而客人作为第三方质量评测也是不可或缺的。

2. 员工在职培训工作的落实与跟进

培训工作的必要性不仅对于员工个人来说是个人技能、操作水平和业务知识的提高,对于酒店更是一种长期的无形收益,对于客人来说也是种需求的有效满足。索菲特酒店有着许多经验丰富、业务技能扎实的经理人,这对于各部门人员来说是宝贵的可用资源,这些经理人在职场经历上、对客经验上、管理知识和工作习惯上都是一部部很好的教材。但部门经理人作为各个部门的管理者,对于下一层级员工的培训工作是十分不足的,表现在:部门管理者对培训工作的关注力度和执行相对不足,作为管理者,并不能够有效地将其管理思维和培训思想贯彻于员工工作实践之中。当然,这问题有若干个原因,有部门运营的安排和实际情况,也有部门管理者的个人原因。

3. 部门工作的沟通与协调

酒店犹如一个大机器人，酒店各大部门形成了机器人的各个主要模块，酒店各个部门中的员工正是机器人的各个或大或小的零件，少了任何一个，机器人内部机能都没有办法正常运行。酒店就是这样子，看似分立的各个部门，其实每个部门都紧密联系，谁也不能够脱离彼此而独自运行，特别对于索菲特这样一家高星级酒店，任何一个环节出现问题，都会给客人的入住体验带来影响，给酒店的对外形象造成损害。

客人不满餐厅的服务品质会投诉到前台，会投诉到大堂经理，会要求酒店做出让其满意的答复和处理；客房服务员做房质量不好，客人不满要求换房，前台换房完毕之后，客房服务员又要重新打扫客人之前住的房间，客房服务员会不满前台的"随意换房"……紧接着可能就是一系列的恶性循环，酒店甚至可能因而失去一位珍贵的客人。因此每个部门之间的协作配合工作需要紧紧地落实在实践中。

当然，沟通是每时每刻的，也应该是全面的。销售部在每一次给酒店带来大的团队会议客人的时候，特别是有房有会的团队，这其中关乎酒店的客房部，宴会部，餐厅，前台，等等。客房部需要知道团队客人的数量，团队所要求的房间类型、其他要求；宴会部需要知道会议团队的摆台类型，茶歇如何摆置，有没有特别的事项等；前台为更好地安排团队入住，需要知会销售部让会务组负责人提前收集客人的身份信息，团队 VIP 贵宾的房间如何 set up 等。在我们实习工作的很多阶段，都经常可以看到因为沟通的不全面，或者沟通上缺乏反馈，而导致部门在运行时出现障碍。

四、实习总结

这次实习虽然只是我学生生涯中的一小段，但在工作过程中，我不是单纯地出卖自己的劳动力去换取报酬，而是时刻以一个社会工作者的标准去服务别人，仅有一颗爱心是不够的，我所学习的是一种意识，服务别人的意识。也许我以后不在酒店领域就业，但这种关心他人，服务社会的意识我将铭记于心。实习是一个接触社会的过程，通过这次实习，我基本了解了饭店的组织架构和经营业务，接触了形形色色的客人，同时还结识了很多很好的同事和朋友，他们让我更深刻地了解了社会，他们拓宽了我的视野，也教会了我如何去适应社会、融入社会，为我的就业计划做了一次提前策划。

中国海峡旅行社实习报告

姓名：古雨
年级：2010 级酒店管理专业
实习单位：中国海峡旅行社
实习时间：2013 年 7 月—2013 年 10 月

通过两个月的短暂实习，我感受颇多。进入社会确实不容易，夹杂着许多辛酸，但同时我也学到了很多东西，体会到了能力的重要性。能力是完成某一具体活动所必备的知识、技术、本领及处世方式等因素的总和，包括完成一定活动的具体方式以及顺利完成一定活动所必需的心理素质。能力并不局限于知识、学历和资格。一个刚毕业的大学生可能具有良好的知识基础，但并不能等同于他已具备相应的工作能力。能力总是与某一具体的活动联系在一起，它随着活动的改变而变化。能力包括的范围非常广泛，如对基础知识的掌握能力，技术操作能力，与别人沟通交往的能力，自我管理和管理他人的能力，分析问题和解决问题的能力，团队合作能力，等等。

旅行社在一个动态的市场环境中生存和发展，旅行社服务的无形性、不可见性、差异性、不可贮存性等特点，对服务人员的主动性、积极性、创造性和适应性提出了更高的要求。这个假期在中国海峡旅行社的实习，让我学习到了很多东西。我个人认为，旅行社专业服务人员应该一专多能，他们应具备以下几方面的能力：

一、交际能力

善于与他人交往是旅行社专业服务人员应具备的首要能力，专业服务人员必须懂得怎样与顾客接触，建立和维持关系，学会倾听别人的意见，表达自己的想法，注重交往艺术，能够区别不同性格、不同场合、不同年龄、不同文化背景的人应采取的交往方式，有正确的服务意识和服务态度，才能为顾客提供优质的服务。

二、合作能力

旅行社服务工作不像某些物质生产那样工序分明，无论是前台还是后台的服务人员，都必须与上司、下属、同事、顾客、供应商等进行合作。专业服务人员应有全局的观念，较强的协调、沟通意识，学会与供应商协商，与同事合作，充分发挥不同角色的作用，利用现有各种因素，为顾客提供满意的服务，真正发挥旅行社的纽带、中介作用。

三、学习能力

旅行社专业服务人员为顾客提供服务的过程，也是一个学习的过程。服务人员必须根据顾客的具体需要确立服务方式。服务人员越了解顾客的期望，就越能为顾客提供优质服务。市场需求的不断变化，要求旅游服务人员应有不断学习新知识、新技能的能力，有较强的适应能力。

四、教育、说服能力

在旅游服务过程中，顾客必须参与服务过程，配合服务人员的工作，因此，顾客在消费过程中应该学习必要的知识和技能。然而，不少顾客,特别是第一次接受旅游服务的顾客,却缺乏消费经验和足够的知识,这就要求专业服务人员做好这类顾客的指导和培训工作。旅行社专业服务人员应具备通过语言去吸引人、打动人、说服人的能力,懂得清晰、简洁、明了地表达自己的思想,为顾客提供准确、易懂的信息。服务的过程也是一个信息沟通的过程,个人沟通能力将直接影响到沟通的结果。

五、企业环境、了解顾客

在服务过程中,对企业内部环境、对市场情况、对顾客的特点掌握得越全面,就越能为顾客提供满意的服务。例如,服务人员善于观察顾客的消费行为,设身处地为顾客着想,根据企业本身的特点,调整自己的服务方式,可以使服务工作更顺利地完成。

六、文化修养

旅游不仅是一项物质享受,更是一项高尚的精神文化享受,旅行社专业服务人员无疑应具备一定的文化修养,才能够与顾客更融洽、更有效地沟通。旅行社专业人员若能"上知天文,下晓地理",具备广博的知识和良好的精神面貌,将有利于与顾客之间的感情交流。

实习时间很短暂，我只能走马观花地去接触和学习新事物。但通过实习我也学到了很多书本上没有的知识，既增长了见识、开阔了视野，也提高了实际操作能力、丰富了人生阅历。这将是我走向社会的一笔最为宝贵的财富，同时实习也从根本上解决了我们学生的一些思想认识问题，促进了自身的人生观、价值观和世界观的转变，更为自己日后就业指明了方向。实习使我对自己的社会定位和自身价值进行了一次客观评价，使我发现自身与现实之间的差距。有句话说得好："实践出真知。"作为一名大学生，要想成为21世纪的合格人才，必须跨出校门，走向社会，把自己所学的理论知识应用于实践，从实践中不断分析、总结，从而提高自身解决问题的能力。走向社会可以帮助我们摆正自己的位置：不盲目自大，也不过分自卑。参加实习，对我们树立正确的人生观、世界观、价值观有着很大的帮助，对我们培养事业心、社会责任感也起到了一定作用。时间总是不经意间从指尖流逝！回过头来看看这两个多月的摸爬滚打，我很珍惜这次实习机会。同时我也深切地感受到了"知识无限，能力有限"的含义。在今后的日子里，我会在学习和工作中更加努力，取长补短，虚心求教，充分发挥自己的能力，展现自我，积极向上，为成为祖国的栋梁之材而努力奋斗。

中国国际贸易促进委员会实习报告

姓名：李魁姣
年级：2010级酒店管理专业
实习单位：中国国际贸易促进委员会展览部
实习时间：2013年8月—2014年1月

一、实习期概况

本人于2013年8月至2014年1月在中国国际贸易促进委员会进行了为期6个月的实习，并于2014年1月跟随项目组至无锡筹办第十届中国会展经济国际合作论坛（简称CEFCO）。中国会展经济国际合作论坛是中国国际贸易促进委员会（CCPIT）与全球非政府间国际展览组织国际展览业协会（UFI）、国际展览与项目协会（IAEE）和独立组展商协会（SISO）合作，共同主办的一年一度的会展业国际盛会。论坛的宗旨是为中外会展业搭建广泛交流与合作的平台，探寻双方相同利益和共同发展的切入点，为国际会展企业进入中国和中国会展企业开拓国际市场寻求新的渠道，促进中国会展业法制化、专业化、市场化、国际化发展，实现中国会展业与国际会展业的战略性合作。本人在此期间与项目组固定成员一起组成了CEFCO2014秘书处工作组，负责整个论坛的筹备及现场运营工作。

二、实习期工作情况

我们的实习项目总共分为6个小组即统筹规划组、礼宾组、要客组、新闻编辑组、业务支持组以及营销推广组，论坛的筹备工作由此六个小组的工作人员共同组成 CEFCO 论坛的秘书处及统筹部门，全权负责整个论坛的筹备及举办工作。本人在此届论坛中属于礼宾组，主要负责 VIP 信息整理收集和要客外宾的礼宾服务工作。根据分工，我负责的部分属于本组工作的最终环节，因此我需要时刻与本组其他成员进行沟通，收集他们手中的资料，在这个过程当中我遇到的最大难题

便是督促每个组去完成他们的任务，若小组内成员不能按时完成自己的任务，我则无法进行我的工作内容。因为嘉宾信息整理的表格中涉及的项目众多，每一位 VIP 嘉宾均拥有超过五十个细致项目需要进行收集与整理，而整体的 VIP 嘉宾数量超过了 200 位，这要非常细心和有条理才能够把这件事情做好。除去与本组内部的同事沟通以外，我还需要与其他小组的同事进行信息收集，譬如我需要整理全部工作人员的后勤保障信息、要客组的全部 VIP 嘉宾行程整理等。因此如何与同事进行良好的沟通以及如何进行适当的督促工作是我整体工作中最大的难点。而这一切我觉得跟在酒店工作需要的细心是一样的，我们需要注意每一位客人的情况，详细地了解他的喜好，帮其制定和推荐合理的项目，为其在酒店入住期间提供最为全面和优质的服务。我想在工作过程中，能够合理记录每一位 VIP 嘉宾的信息，为其提供全方位细致的服务是我工作的目标。

在实习期间，我的另一部分工作是 VIP 嘉宾的礼宾工作，在这过程当中我们小组的工作是需要为每一位 VIP 嘉宾安排酒店房间、接送机、行程安排、个别外宾的陪同服务以及出席活动的座次安排等。而

我主要负责嘉宾行程、接送机、陪同服务等信息的整理及VIP嘉宾出席活动的座次安排工作。VIP座次安排工作让我学到了很多关于礼宾的知识。因我们论坛举办过程中会邀请很多司局级甚至会邀请省部级领导嘉宾出席活动，这些要客们的礼宾摆放便是我们要重点关注的部分。我们论坛的举办地点是一家五星级酒店，它拥有不同形式的宴会厅，如百人以上的大型宴会厅、小范围的会客厅及小型宴会厅等不同形式的会客场所。对于这些不同的桌次摆放顺序及宴会厅形式，我们需要进行不同的礼宾服务，而我在开始会和我的直系领导学习基本的礼宾礼仪知识，随后单独完成礼宾座次再交由领导进行审视与调整。在这个过程中我学习了很多常识性知识，另外在酒店内我也需要时刻盯紧服务人员的摆桌样式、座次是否正确。此外，作为酒店管理专业的学生，更在此过程中学习服务人员是如何在大型宴会上快速调整宴会桌椅、迅速翻台上菜、如何对餐具等用餐工具进行摆放，这一切都是我们无法通过简单的参观所了解到的，对我来说受益匪浅。

同时在这次论坛，我认识了演讲嘉宾王学军先生，他以前也是从

事酒店行业，在交谈过程中我跟他学习如何去关注酒店的细节，作为酒店人应该十分细致地关注酒店的每一处细节，甚至每一层地毯的花纹和房间内装饰是否匹配。我决定向他学习养成一个习惯，即每走到一个酒店都会留一张当地酒店房卡作为纪念，来帮助我回忆在每一个酒店的体验，让我时刻记住这家酒店的优点、缺点，在这里发生的每一件小事，以此来提醒自己作为酒店人需要注意的细节问题。

另外在这几天，我们遇到了很多次VIP嘉宾房间安排不对或是接送机出现问题的情况，每次都会跟着我们的前辈去处理，首先要安抚VIP嘉宾的情绪，然后尽快安排后备房间或是车辆为他们提供服务。这种实战经验十分重要。虽然在课堂当中我们会通过案例去学习别人是怎么处理的，但多数的知识只是纸上谈兵，与实际工作还是有所差别。不同嘉宾、不同层次的客人需要用不同方式对待，而不是用一两条理论知识来概括处理危机事件，因此我觉得实际的实习体验对于我们未来的工作有着较大的益处。

雀巢北京分公司实习报告

姓名： 李明雯
年级： 2010 级酒店管理专业
实习单位： 雀巢北京分公司
实习时间： 2013 年 7 月 1 日—2013 年 8 月 31 日

大三的暑期（2013 年 7 月 1 日—2013 年 8 月 31 日），我参与了雀巢北京分公司为期两个月的 summer intern 项目。我所在的部门是 sales & marketing 部门，具体可称为干活流通渠道。这两个月中，酸甜苦辣轮番上演，我将选取三个小片段将我的"实习生活"细细道来。

一、"姑娘当爷们使，爷们当牲口使"——原来北京这么大

7 月 1 号，summer intern 项目正式开启。前六周，我负责的是基础业务。我和我的小伙伴们被派往各个渠道展开雀巢全部干货常规业务活动，包括货品清点，检查陈列，上货，订货，组织促销活动等。我先后去了翠微大厦、华光商场、天客隆、首航超市等几个渠道不同的市场。

为什么起了这么戏谑的小标题，原因就是我去过上面列举的所有超市，不是去它们其中任意一家或有代表性的几家店，而是它们在北京城区的全部店面。请注意"城区"两个字，当我以为五环店已经够远了的时候，又去了天通苑、亦庄（旧宫）、鲁谷、观音堂等店。因此，这份工作被我们实习生戏称为拓展北京地图的工作。男实习生们

第一周的工作就是香山及周边店铺的上货清点拉订单。在高温警报的烈日下，背着一箱箱沉重的水和咖啡给香山上的小卖铺补货，辛苦自然不用说了。

当我跟业务员到达天通苑以北的一家疏于管理的华光超市时，看到空荡荡的雀巢货架和在库房里搁置过期的威化奶粉时，气愤得不得了。唯有自己动手边上货，边培训新来的超市店员，拜托她们多重视雀巢的货品。

二、跟他人学习和自己管事完全不同——肩上的担子重了，压力也来了

第一周，公司让我跟一名业务员姐姐一起跑店，顺便向她学习基础业务流程。第二至三周，我很荣幸地被上级主任安排了三家华堂商场的日常业务管理，完全没有业务员姐姐的帮助，just do it by myself，完全是不同的体验。在跟商场主管店长联络时，他们不会很重视一个实习生的工作，正值雀巢产品的淡季，订单拉起来也相当费劲。那两周真是让我感到压力山大。现实很残酷，所以我制定了逐个逐级攻破战略。由于我只管理三家中型超市，所以基本上是每天两三家地天天跑店，先跟店员大姐们混个"眼熟"，帮她们一块上货（包括其他家的产品），跟她们"唠嗑"。慢慢地，我就得到了很多信息，比如主管、店长的上班时间表，最近店里的促销活动安排，等等。甚至有的店员还监管日常产品的订货，直接跟她们拉订单更加有效率。总之，在巨大的压力下，我成功完成了这三家店的业务。

三、你以为，你以为的，就是你以为的吗——简单的东西不简单

在实习期的最后三周，我们实习生被分派到了促销渠道，"不情愿"地成为了一名名超市促销员。我所在的超市是马家堡的永辉大卖场，主要工作是促销雀巢散装威化。从早上九点到下午六点，全天站在散装威化堆头旁边，分装威化，捆绑赠品，给顾客称量。第一天干

是新鲜，第二天干是重复，第三天就剩下疲惫和烦躁了。当时的我认为这工作太低端了，任何一个没受过教育的小姑娘都可以干这活，我在这儿的意义又是什么？但是干着干着，你就会捉摸到为什么第二天卖得最好？威化的主要购买力群体特质是什么？一天之中什么时段销量最棒？哪种赠品或赠品组合最受欢迎？这些隐形的小细节决定了一天是卖出二十斤还是一百斤。五天卖出五百多斤在我看来是很高的销量，在普通长促眼里则是她们应该完成的业务。在这促销的三周是整个实习期最累的阶段，也是最直接获得成就感的阶段。每天的销量数字直接体现了一天的辛劳成果。

两个月的暑期实习，我踏遍了北京的大小超市，晒黑了，脚底也磨厚了。在实习的过程中，我由学习、思考、质疑到领悟，充分过了一把"快消"瘾。用我们当时销售总监的话说："快消业的工作是快节奏、高速的工作，它充斥着新的事物，也带动着你急速向前。"快消的整个工作节奏很快，它所接触的消费者在不断变化，它本身也得快速适应和进化，才能推出更好的产品，在激烈的竞争中占有一席之地。

我认为实习最大的益处是可以无所顾忌地去尝试我们想了解的行业，真正地深入其中和道听途说差别很大，做起来永远比说出来艰难。所以我也很感谢这次快消行业的初步尝试，虽然未来我可能不会从事这个行业，但这两个月真的是收获了很多。

虽然实习真正接触到的是终端销售的工作，但这就像酒店或其他行业工作一样，都得从最基层一步步做起，才能有以后的向上稳步发展。在与第一线员工的学习接触中，感慨很多：对他们的吃苦耐劳精神感到敬佩，对他们所遇到的极端事件感到不平，对行业内潜规则感到无奈和愤慨。

世界上没有让人百分之百满意的工作，而我能做的只是直面现实，改变能改变的，适应不能改变的。永远主动多想一步，多做一步准备，逐步实现自我设定的目标，相信会有成功的那一天。

北京首旅建国酒店管理公司实习报告

姓名：徐晨凯
年级：2010 级酒店管理专业
实习单位：北京首旅建国酒店管理公司
实习日期：2013 年 7 月—2014 年 4 月

2013 年 7 月至 2014 年 4 月期间，本人在北京首旅建国酒店管理公司进行实习。在长达八个月的实习中，我受益匪浅，不仅在自身素质上有所提高，对国内酒店行业情况也有了更深入的了解。

"建国"品牌酒店是首旅建国倾情奉献给广大商务人士的精品商务酒店品牌。第一家建国酒店坐落于东长安街，是中国第一家合资饭店。它宽敞的厅堂、温馨的大堂吧、绿色人文景观、现代化的会议设施、充分满足客人的个性化的需求；装饰简洁、色调淡雅的客房，温馨舒适，丰盛的商务早餐和时尚的健身中心为繁忙的商务人士提供细致周到的服务。建国酒店一直以来都是以"都市绿洲，自在建国"为自己的目标。

在国内宏观政策的影响下高星酒店行业开始了痛苦的良性发展之旅。我的实习岗位是拓展部总监助理，其中一项工作内容就是通过工程网站去发掘新的项目与新的业主。这项工作是考验我对于酒店行业的综合知识，从业主公司背景，项目地理位置、规模、投资等方面来判断其是否合适我们公司去接手洽谈。在这项工作中，我学会了很多和行业内人打交道的技巧，提升了与业主打交道的能力。

顺利洽谈的项目，会进入拟制合同阶段，这也是我的工作内容之一。这项工作让我接触到酒店管理行业核心内容，同时，也让我在处理事情方面变得更加谨小慎微，一丝不苟。在合同上任何一个微小的错误都是不允许的，要求绝对的缜密。合同中的报价是要经过多次协商才能最后敲定下来，这期间的内容更改也是相对频繁的，所以更加考验了合同拟定者的耐心与定力。

关于历史管理合同统计的工作让我最为印象深刻。2013年中秋节前一天，我经历了最长一次的加班。主要原因是对于历史项目合同整理的收尾，一百多份合同我用了三天时间进行整理，统计了其中的必要信息。这是一项繁琐细致的工作，对我这种平时较为粗心的人很有挑战力。应该就是从这项工作开始，我在工作方面的心态逐渐稳定下来，不再像以前那样浮躁。

拓展部除了自己内部需要处理的工作内容之外，还有很多对部门之间、对外之间的各种交流接待活动。在公司里，与拓展部沟通最多的就是运营部和人力资源部，我们经常会一起勘察一些建成项目，对其进行评估，回来后也会写成报告互相交流。对外主要是对地方业主的接待，也是在这项工作上我充分感受到了酒店前辈细致的工作风范。记得有一次我在准备茶水的时候，北京贵宾楼出身的刘总给我详细讲了如何摆台等知识，并将茶包的细线绕在了茶缸的握手处，这些细小的举动让我深深佩服这些酒店人。只有细致地做好小事，才能做好大事。

2014年3月，我和公司拓展部成员参加了北京的浩华年会，在展台处负责介绍管理公司情况，发送接收名片。在这项活动中，我也接触到了很多同行业的人，其中不少是二十多岁的年轻人，他们活力四射，谈话亲切。充分展现了酒店行业年轻一代所拥有的蓬勃的朝气和对整个行业的热情。我们在会场外讨论国内酒店行业的形势，在会场内听取专家的报告。其中穿插着各种行业资料的接收和整理。这是我第一次参加这么浩大的酒店业峰会，不仅让我拓宽了自己的视野，更对酒店业未来的发展坚定了信心。

在这8个月的实习期间，我认为自己在以下几个方面得到了很大的提高：

首先，对行业知识的了解程度相比以前加深了很多。从接触自己的工作任务开始，我就接触到了很多之前学校没有接触过的具体知识。比如对酒店项目整体规模的评估，地理位置的分析，对城市酒店市场的评估，等等。这些工作需要有很多方面的知识才能办到。于是刚开始工作时，我首先是帮助部门经理进行信息上的搜集，之后慢慢地我自己也可以胜任一些比较简单的评估，这对自己来讲已经是一个很好的提高。

其次，在待人接物方面，自己也变得比较放得开，并乐于与人沟通。在工作中，我需要经常与业主方或者潜在业主打电话沟通。刚开始的我在沟通方面比较生涩，专业知识也不是很丰富，说话时显得不是很自信。但在不断摸索中，我变得更加健谈与专业，可以更好地把握住客户想要咨询的内容，性格上也变得比较开朗，愿意与他人沟通。由于常在公司接待业主代表，礼仪举止方面也变得更加得体大方，这些改变也让我在今后的工作中更加有自信。

最后，在处理文字工作方面，我变得更加有耐心并且谨小慎微。记忆最深的一次是我刚开始工作时做的一篇关于青岛市五星酒店调查报告。上报后我的总监用了将近1个小时仔细地检查了我的报告，并指出了很多马虎导致的问题和格式上的问题。这让我感到非常羞愧，这个教训让我一直以来都非常严肃地去处理很多报告文件，生怕问题再次出现，这也为我今后的工作敲响了警钟。

我想，学生时代的实习是为了让我们体验到社会工作的同时，正视自己。无论是能力还是自己的性格，在这个社会中都需要不断地提高与磨合。学会收起自己的棱角，调节自己的心态。实习之后，我更加了解到自己缺少的不仅仅是能力与经验，还有一颗平常的心。工作中难免会遇到痛苦与曲折，但常言道："年轻时吃苦，都是福。"长路漫漫，且行且珍惜。

ABC 外语培训学校实习报告

姓名：张元
年级：2010 级酒店管理专业
实习单位：ABC 外语培训学校（洋桥分校）
实习时间：2013 年 10 月 14 日—2014 年 6 月 14 日

我于 2013 年 10 月 14 日至 2014 年 6 月 14 日在 ABC 外语培训学校（洋桥分校）实习，任青少年部英语兼职教师。我之所以会选择这个单位实习，首先，是因为北京第二外国语学院对英语的学习十分重视，即便是非语言专业，我们也有很多英语课，开放考取英语专业四级、八级的渠道；其次，本人对英语有很大的兴趣；最后，希望这段实习经历能提高自己的语言表达能力。此外，此次实习经历能够教书育人，可谓一举多得。这一年多里发生了很多的事，我学到了很多，受益匪浅。

一、被质疑的考核

在通过 ABC 外语培训学校的面试后，我经过数周的培训，终于要面临最终考核了。如果通过，则可以正式入职，反之，先前付出的努力就会付诸东流。因此，我为短短十分钟的试讲环节做了很多准备，在讲知识的同时穿插分组竞赛、游戏、画画和唱歌等活动，使这节课更加充实、丰富。但是在考核当天，负责考核的老师要求看我的培训笔记。为了方便携带，我将笔记从活页本上拿了下来。但笔记在包中放置一段时间后有了一定的折叠痕迹。老师简单地看了两眼后，冷冷地看着我说:"记笔记都不知道用本,笔记也不够整洁,看你这笔记就知道你过不了考核。行了,上去讲去吧。"听了这些话,我心头一沉。但是我并没有急于辩解,直接走上讲台开始讲我准备的内容。我尽量忽视心中的负面情绪,假设下面坐的是我的学生。我的目标是充分调动气氛,让学生们快乐地学习英语。最后,我终于没有受负面情绪的影响而圆满完成了试讲。考核老师也给予我肯定,并且称赞道:"你的心理素质还是不错的。"这时,我心中的一块石头才落了地。后来我得知,原来这也是考核的一部分,而诀窍在于——相信自己,不要让别人的质疑影响自己的发挥。强大的心理素质是日常生活中必不可少的特质。这是我学到的第一点。

二、过度的宽容

我从小的愿望就是希望老师不要那么严格,让学生轻松快乐地学习。只可惜这一点从来没有实现过。所以我想,为什么我不能变成我想要成为的那种老师呢?所以,在我的课堂上,我总是对学生很宽容,如果学生说没有带作业,我会让他下次带来,背课文不流利时我也多有提醒,不把时间放在课堂纪律上。我认为这样一来学生应该会很高兴,从而快乐地学习英语。而结果证明,我这样的想法是错误的。上课纪律松散，不时有在下面聊天的同学；声称"忘记带作业"的学生人数上升；越来越多的学生不背诵课文。我这才知道，10岁左右的孩子缺乏一定的约束力，如果老师没有尽监督、管制的责任的话，不仅不是帮助孩子，反而是害了他们。于是我调整策略，开始严管课堂纪律，如果不带作业，就打电话通知家长；如果不能熟练背诵课文，就延迟放学。但是为了防止学生的厌学心理，我在每次课间休息前都会讲一个推理故事，或者是鬼故事，每节课补充一个西方国家的趣闻，期间穿插着各种游戏。果然，这样下来不仅课堂纪律好转，也使学生对英语的兴趣加深。而且我为了使课程更加生动有趣，也不断地补充知识，不断地充电。另外，我意识到，过度的宽容是万万不可的，在严肃与欢快之中寻找连接点，才能教好每一个知识点。

三、老师也是一名管理者

ABC外语培训学校要求每月开展小型家长会。作为一个兼职的大学生，面对比我年长许多的家长，我心里真是没什么底。所以，每次开家长会前我都会把要说的话在家里练习几遍。但是感觉自己还是不够自信。在一次教师培训会上，校长对我们说："每一个好老师都是一个好的管理者，既要有统筹全班的策略，也要不断和家长交流，就像和客户交流一样，因为每一个学员我们都要争取。不要因为自己年轻感觉就没有底气。在课堂上你就是指点江山的统领，面对学生是这样，面对家长也是这样。"校长的这番话让我十分受鼓舞。我试着略微压低声音，让语速变得沉稳。首先要相信自己，再将这样的一种信念传递给家长。如此一来，每个月的家长会果然轻松了很多。我想，不要管自己的年龄，也不要管面对的是谁，必须相信自己，才能成为一名成功的管理者，才能够控制好局面。

时间过得很快，转眼间在这里实习已经超过一年半了。这段实习经历对我来说真的是非常难忘。当我带了一年多的班级结课时，虽然心里有万分不舍，但看到孩子们慢慢地长大，对英语的兴趣逐步提高，并且也掌握了正确的英语学习方法，我也是十分开心。同时，我也从一个不善于表达自己，较为内向的女生，逐步转变为开朗健谈的人。从前在做演讲报告时，我要首先写好演讲稿，然后去背诵，即使这样，还是讲得磕磕绊绊。如今站在台上，我心里也平稳了很多。这段实习可谓是见证了我的成长。从一开始默默无闻的大学生兼职老师逐渐成长为每月月评名列前茅的优秀教师，我也两次得到了 ABC 外语学校奖励的优秀教师出游，和各个中心的老师一起去了韩国、泰国游玩。从一开始不敢张口说英语，到现在流利地和外教沟通授课技巧，口语也得到了一定提高。虽然正式的工作没有继续选择英语教师一职，但这段宝贵的经历我将永远不会忘怀。在这里实习的时光永远是我心中一道最瑰丽的风景线。

中国中化集团公司实习报告

姓名：谷远
年级：2010 级酒店管理专业
实习单位：中国中化集团公司
实习时间：2013 年 7 月—8 月

2013 年的暑假，我在中国中化集团公司的审计稽核部门进行了实习。虽然专业并不对口，但是在大学的课程中，也涉及了管理学、基础会计、财务管理等相关学科，我对此颇有兴趣，并希望进行更为深入的了解，于是便选择了在此进行实习。中国中化股份有限公司是世界 500 强企业，其经营流程的规范性不言而喻。在这宝贵的实习经历中，我学到了许多新的知识，也培养了对财务方面的兴趣，有了很多特别的感触。实习是大学里必经的一个阶段，但是在实习期间我们以什么心态对待很重要，我们要面对真实的社会，工作是辛苦的，我们必须抱着一种学习的态度，以正确的心态去对待我们的实习，才能积极主动、有责任地完成任务。这次实习对我而言可谓是一个新的开始，也为我以后走向工作岗位奠定了初步的基础。

实习是每一个学生必须拥有的一段经历，它使我们在实践中了解社会，让我们学到了很多在课堂上学不到的知识，开阔了视野，增长了见识，为我们以后进一步走向社会打下坚实的基础。做好会计工作不仅要学好书本里的各种会计知识，也要认真积极地参与各种会计实习的机会，让理论和实践有机务实地结合在一起，只有这样才能成为一名高质量的财务管理专业人才。我希望把自己所学两年的理论知识与实际操作结合起来，处理所发现的问题。总结一下所学专业知识的不足之处，找出需要重新巩固的知识，同时了解税务、税法，学会和同事沟通，以及在社会工作中的为人处世之道。

实习的过程中，每天都会有新的收获，每天都会感受到自己在一点点进步，虽然时间并不长，却足以让我受益终身。

一、专业素养获得提升

本人专业并非会计专业，所以通过这次实习，对自己的专业有了更为详尽和深刻的理解，同时也是对自己所学知识的巩固和运用。第一次零距离接触到事务所里的审计工作、公司财务的工作，了解了作为一个会计人员不仅要会记账，还要懂账，这样才能将企业所拥有的资源发挥更大效用。同时，对会计分录、财务报表的应用和编制又有了进一步的掌握，不再仅仅局限于书本，而是联系到实际。作为一个会计和审计人员必须时刻保持清醒的头脑和严谨的态度，因为会计审计工作中的每一个步骤都十分重要，只要有一个部分出错，就会牵连到其他部分。所以说，会计不仅仅是简单的记账，还是一项十分严密的管理活动。

二、小事情蕴藏大学问

作为一名审计助理，往往都是从非常简单的东西做起，也就是很多人说的"打杂"，只是重复机械地做着不用思考的操作性的东西，例如整理工作底稿、抽查凭证、复印打印……但从一开始我就不是怀着打杂的心态做事，我告诉自己这是一些基础性的东西，只有把这些工作都做好了，经理才能委派给我更多其他的更有技术含量的任务。拿复印打印这件事来说，在这过程中我学会了使用复印机打印机，也懂得了怎样去调整需要打印的底稿，去注意很多细节性的东西，比如底稿中的数据有没有做好链接、字体的美观、版面的布局等问题，现在自己一看就知道问题出在哪里了。因此，实习价值的高低不取决于实习工作本身的贵贱，而取决于我们自身的努力和积极程度。

三、做事情脑快才能手快

这是我的项目经理给我的忠告。不论干什么事情，只有心中有数，条理清楚，才能更好更快地完成工作任务。譬如，下户回来需要整理工作底稿，那厚厚的一摞资料需要分类整理，如果东一榔头西一棒，怕是整理大半天也弄不出来结果，这样的工作效率在时间比金钱还贵重的审计工作里可是万万行不通的。若是稍微动一下脑筋，把每个科目都贴上一个小标签，这样查找起来就轻车熟路很容易了。再比如在每个公司的审计工作刚刚开始的时候，企业都会把审计期间全部的单据、发票提供出来，这就需要整理好，以免用的时候找不到，耽搁时间，浪费精力，误了事情。这一点对我感触很深，在以后的学习和工作中要有意识地训练自己这方面的能力和素质。

四、沟通与交流

实习不但是一个提高动手能力的机会，更是一个锻炼交际能力的时机。与办公室里的上司前辈们保持良好的关系，可以让你尽快地熟知公司的情况，在遇到困难的时候也能够得到及时帮助；对其他部门的人员保持热情的态度，见面打招呼，待人和善有礼貌，办起事情来会更顺利。很高兴的是，我做到了和公司的前辈以及实习生相处融洽的这一点，让我在实习期间心境愉快并得到了意外的收获。

首先，作为项目组中的一员，要跟经理和助理们经常沟通交流，比如活跃气氛，让工作环境变得更轻松；遇到问题虚心向他们请教；自己主动去要求做一些力所能及的工作，等等。有时候会听到一些消息，说某某实习生觉得跟自己的上司总是格格不入，总是遭到经理和助理的数落，我想若是他们之间能够更好地沟通交流，就不会出现这样的情况吧。我很欣赏我的项目经理，当工作气氛很沉闷时，她会说些让人开心的事；当谁遇到了不愉快的事情，她又会细心地安慰你。这些虽然都是一些生活中的小事情，但是却能让我们以更轻松的心态去工作，情绪好了工作效率自然也高了。在工作过程中对于我这个还没有入门的学生而言有太多的不懂，经常会遇到很多问题，我一般都是先自己思考，实在搞不懂了才去请教别人。在跟同事和上级沟通的过程中，我领悟到遇到问题时一定要敢于提出来，这样既可以解决你的问题，又能让他们更好地了解你的想法，了解你。

其次，在跟被审单位的沟通中，我接触到的最多的就是在处理底稿时遇到问题跟他们商谈或者跟他们索要相关资料。有的单位很配合，会快速地很认真地准备我们需要的资料；但有些单位就不那么友好。其中有一个单位的财务人员甚至休年假不来上班了，这个时候沟通就变得很重要了。记得项目经理跟我说过一个很典型的例子：有一年他们审核一个日资企业，老板是韩国人不懂汉语，财务总监是位中国女性，同时也懂韩语，当时不知道这个总监出于什么心理，对于我们索要的资料置之不理，把老板对我们提的要求也不闻不问，有时候甚至曲解翻译，起初我们还不明白问题到底出在哪里，到最后审计工作实在没有办法再继续的时候，才发现原来是这个总监从中作祟。从这个案例中更是能看出交流沟通的必要性。

总之，做审计不仅仅是负责任地做好查账工作，良好的沟通更能让我们的审计工作升值。

面包旅行实习总结

姓名：郭朝
年级：2010级酒店管理专业
实习单位：面包旅行

光阴似箭，岁月如梭。在最近的几个月的实习过程中，我有着许多的收获和欢乐，但也面对过许多难题，这些成功的经验将会激励我在以后的人生之路上取得更大成绩，失败的经历会督促我努力去改变自己不完美的地方，让自己在以后的日子做得更好，这一切将成为我生命中最宝贵的财富之一。

一次机缘巧合，我通过校园招聘会面试进入到了这里工作实习，我的职位是旅行产品部门的旅行产品策划师。我之所以在众多的应聘者中被选中是因为我所学习的酒店管理专业跟我将来要做的工作非常契合。因为公司所运营的是旅行移动互联网平台，所以这里对旅行线路的要求以及产品的精致程度都非常高，同时我们部门并不像传统旅行社那样每个员工的工作内容都很明确，往往各个方面的工作都会涉及。在公司大致的工作内容是把旅行产品图文并茂地录入到后台当中，写相关产品的微信推送内容，联系查找地接社以及组织相关展会活动等。这些事情看起来不难，但是实际工作的时候会感觉到内容涵盖非常多，需要做的东西很杂，这一点也让我养成了一个很好的工作习惯——列出每一天的工作计划。在这里最大的收获就是接触到了一些学校里学不到的相关知识。以前我对互联网行业以及互联网公司的营销方式以及运营方式非常陌生与不了解，但是在面包旅行，我在其他员工身上学到了很多公司运转上面的知识以及对互联网有了更多的理解。同时在这家创业公司老板的身上也看到了很多值得我学习的地方，比如对待工作认真严谨的态度，体谅下属的宽容胸怀以及平易近人、处事低调的性格。在面包旅行实习的三个月，我受益匪浅，也为毕业后正式走进这里工作做了很好的准备。

记得刚到这里的时候，对这家公司的同事以及所做的事情都不是很了解。离开学校到了一个完全陌生的环境，第一步要做的就是和周围的同事相处融洽。但是办公室的工作人员在上班的时候往往都在做自己的工作，很少沟通，这一点我在开始实习的时候非常不适应，但是随着慢慢地接触，我了解到每个人在工作时间尽量不要大声说话，以免妨碍到其他人工作。虽然在最开始觉得这种工作环境很无聊，但是在逐渐适应之后，觉得这样的工作环境还是非常重要的。

有一次我要负责开展一个展会的相关活动，虽然之前在学校学生会组织过相关活动，但是那时候是大家一起来组织，而此次是我一个人去协调整个部门的人员调配以及购置一些相关的东西。虽然活动看上去很简单，但是真的要办好，必须要花费大量的时间与精力。前期的准备工作以及工作当中会遇到的各种问题也要提前想好，做好预案以及应急准备。通过组织活动，虽然很辛苦，但是锻炼了自己的组织、协调、调配等各方面的能力，这一点也是我在书本上学不到的。最后，活动如期圆满地举行，也得到了领导的认可。通过三个月紧张而又忙碌的生活，我渐渐适应了在高压力的情况下高动力的工作。这一切让我深刻地体会到做任何事情都必须尽自己最大的努力，也只有尽了自己最大的努力才能将工作做好、做扎实，得到领导和同事的认可。这段经历将激励我在以后的日子更加努力，因为只有付出才有可能获得成功。刚刚踏入社会碰到许多的挫折是正常的，遇到困难并不可怕，我们需要的是强大的承受能力和接受能力来面对挫折、打败困难。有时候这些事情要靠自己去主动争取，对于即将毕业的我们来说，不仅缺少社会阅历，还有工作中必要的交际能力，我们需要学的东西还有很多。经过这个三个月的实习，我改正了很多不好的习惯，也成熟了很多。每天不能再随心所欲地去做一些事情，上班请假也是需要提前批准的，实习对于我们刚踏入社会的大学生确实是一个历练的过程，它让我们有一个认识社会的机会。通过这样的方式来接触社会，过程中往往会遇到很多挫折，每当遇到问题的时候，我通常都会自己试着解决，然后再请教前辈们，他们往往都能很好地帮我解决疑问，去引导我，这使我感觉到集体的温暖，从而更好更有效地完成每天的任务。

通过此次实习，我工作能力和工作效率都有了很大的提高，同时我也对互联网行业有了很大的了解。在未来的工作当中，我希望通过实习所学到的良好经验，更好地融入到工作中，不断地积累经验。

贵州省贵阳市花溪迎宾馆实习报告

姓名： 何映媛
年级： 2010 级酒店管理专业
实习单位： 贵州省贵阳市花溪迎宾馆
实习时间： 2013 年 7 月 22 日—2013 年 9 月 22 日

2013 年暑假，学校提供了三个月的实习期，所以我在离家较近的花溪迎宾馆进行了实习。经过酒店的面试，我被分配到餐饮部进行实习，餐饮部的工作是简单而繁琐的，这两个月的时间不仅仅锻炼了我的动手能力，更是锻炼了我的心态，为将来能够以一颗谦虚平和的心走入社会打下了基础。

一、准备工作

虽然我们只在酒店进行为期一个半月的实习，但酒店还是按正规的实习生对我们进行了系统地培训。实习的前两周基本上是培训期，这个阶段主要是跟着老员工学习不同宴会厅和不同包房的服务流程。花溪迎宾馆共有三栋餐饮楼，员工需要熟知每一个灯的开关位置，为提供完美的服务打下基础。

培训工作分为三大项：一是人事部的岗前培训，进行了四个课时的室内培训和游览培训，主要是介绍酒店的概况，同时也对我们进行了员工素养及酒店管理制度的培训，这让我们对工作有了大概的了解；第二是消防安全意识培训，酒店特别安排了工程部的经理助理为我们现场讲解授课，让我们对酒店安全和消防常识有了更深入系统地了解；

第三是业务技能培训，这一培训贯穿着我们整个实习，由部门负责人员为我们进行不间断地技能指导。一个月的实习让我们对部门工作有了基本的了解，这也得益于酒店系统而全面的培训。这些培训对于我们以后的学习和工作都是非常有用的。

我们实习的单位——花溪迎宾馆位于风景秀丽的花溪河畔，是一所按国宾接待标准修建，功能齐全的省委省政府接待中心。宾馆的一号楼和二号楼为客房楼，拥有客房138间，附设各种完善的服务设施。三号楼为会议中心，有12个可容纳30～500人的不同规格的会议厅，以及十间用餐的包房和两个大型宴会厅。四号楼为康体中心，有游泳馆、健身房、KTV、桑拿、保龄球、棋牌、沙弧球、壁球、专用室外网球场等各种健身娱乐设施。五号楼是新建的楼房，包括了餐饮、会议、娱乐、客房等功能。除开政府接待这一重要的职能，五号楼更偏向于国际性的五星级酒店以适应更多市场需求。位于三号楼的黄果树厅是花溪迎宾馆最大的也是最主要的一个餐厅，也是实习生的主要工作地点，主要承担的是政府团队和大型会议参会人员的用餐，有时候也承办大型宴会和其他活动。餐厅员工包括实习生在内共有20人，包括经理两名，主管一名，领班一名及服务员数名，工作比较繁忙。

二、实习过程

中餐厅是酒店餐饮部门中最为辛苦的部门，因为酒店并没有给服务员们制定具体的岗位职责和工作描述，在刚刚走上工作岗位时，我们就像无头苍蝇，完全不能领会工作的流程和要领，只是听从领班和老员工的安排和他们手把手的教导。庆幸的是所有的老员工对我们都特别友好，主管还专门为我们每人安排了两名师傅，负责引导我们的工作。在后面的日子里，我们基本都能熟练各项工作了。

我们的工作除了迎宾、摆台、折口布、传菜、上菜、撤台外，也得兼职勤杂工，做一些扛桌子椅子、铺地毯等脏活、重活。实习生是7小时工作制，每周休息一天，主管根据我们的需要，为我们排了两头班，即上午3个半小时和晚上3个半小时，这样我们中午就有了休息的时间。但往往下班的具体时间是不确定的，经常根据实际情况加班加点。

　　酒店员工大都热情友好，他们并没有因为我们是实习生而对我们冷漠生硬；在劳累之余，同事们的一个甜美的微笑，一句再普通不过的"辛苦了"都会让人分外感动；在休息和饭堂进餐的时候，我们都会聚在一起聊天，分享彼此的感受，就像一家人。管理层中的几位经理也很和蔼，没有什么架子。

　　在服务过程中，我们接触到了形形色色的客人，在工作中既受到过客人的嘉奖，也遭遇过客人的投诉。花溪迎宾馆是一所老牌的国宾馆接待型酒店，在服务的过程中，我们学到了更加严格地对客服务标准，增长了见识，开阔了视野，为将来进入酒店行业进行服务性工作打下了良好的基础。

九江中国国际旅行社实习报告

姓名：黄雅俪
年级：2010级酒店管理专业
实习单位：九江中国国际旅行社
实习时间：2013年7月1日—2013年9月27日

一、实习单位简介

九江中国国际旅行社是中国国旅集团成员社，成立于1966年，经国家旅游局批准并交纳160万元质量保证金，是九江地区唯一一家具备国家特许经营中国公民出境旅游组团资格的国际社。

九江中国国际旅行社是江西省成立最早、规模最大、实力最强的旅行社之一。企业经过多年发展，人员队伍不断扩大，拥有一大批省市级优秀导游员及精通各国语言的外语导游，规模不断扩大。业务范围包括：国内旅游、出境旅游、会议会展服务、国内外商务考察、各国签证、国内国际航空机票以及代办出国留学手续等。2002年至2004年，国内旅游接待量连续3年居全省第一名。曾先后策划和组织接待夕阳红专列游、港澳专列团以及国内外一大批知名企业的大型会议会展。多次受到省市领导及旅游主管部门的表彰，被誉为江西旅游对外宣传和推广的示范企业。

二、实习概况及工作内容

我作为组团部的实习生，主要工作必然是与本地客源的整个旅游过程息息相关。首先，对本地游客的信息进行整理及分类是最基本的工作。在此工作中，出境游比国内异地游要复杂很多，不仅要保证客户的各项护照签证相关资料齐全，对于客户的各项保障也需更完善。其次，与此紧紧相关的工作便是安排客人在异地旅游的相关事宜。作为实习生，这方面只是稍有接触，但也有所了解。与此同时，本地客源的开发及客户的维护工作也是组团部的核心工作之一。实习生在此方面接触也不是很多，只是对于客户维护工作稍有承担。最后，本地游客返程后的信息追踪与反馈便是组团部的收尾工作。

三、实习过程体验及体会

实习工作作为从学校迈向社会的重要垫脚石，在每个学生向社会人转变的过程中有着不可忽视的驱动力。实习本身不仅仅让即将迈入社会的学生体会到工作带来的疲惫与压力，也让我们在实践中学会如何积极地应对这些问题，至少让我们了解到接下来的脚步应该朝着哪个方向迈进。在这个过程中，我们所了解到的最根本的问题是自己作为一个未来的社会人是个怎样的存在。

作为一名社会人，在众多压力下，最需要的便是良好的心态。首先要在了解自身的优势劣势的前提下学会如何扬长避短，与此同时，要不断学习进步，减少自身的短板，巩固自己的长处。其次，对待工作的热情可能会随着时间的推移而稍稍有所减退，但对待工作的认真态度是不能改变的。如若没有一双专业且专注的眼，就不会有良好的工作成果。第三，工作过程中的必要交流也需要一定的技巧。沟通交流之所以会成为一门学问，是因为交流双方甚至多方所处的立场和所持的心态都有所不同。虽说求同存异是一切共识的根本所在，但必要的坚持和自我维护也是必不可少的。

四、实习拓展思考及反馈

随着物质财富的不断增长，人们开始转向文化精神的消费与追求，更多的时间和钱财用于休闲，消费投向发生了明显的变化。旅游作为休闲娱乐的重要项目之一，在服务行业中的重要地位在逐渐显现的过程中不断加强。

从目前来看，我国的旅游产业还处在发展阶段的初中级部分，这主要体现在旅游产品的低品质化。抑制其发展的原因多种多样：或许是由于在旅游行业的竞争十分激烈致使所有的旅行社不得不压缩成本走低价降服务的策略而导致这样的结果；或许是由于国民购买能力的不足；或许是由于在我国还没有一部健全的《旅游法》来约束且保障整个行业的发展。但是中国旅游业的未来必将走向高品质享受式的旅游模式，而中国的旅行社必定也会成为一个满足每一个游客在旅游过程中的各种需求的机构。

这样的现状同样适用于我国的酒店行业。在旅游业的发展中，酒店业的发展对其的影响是很大的，酒店业的现状必然也会随着旅游业的发展方向而产生相应的变化。各大国际高星级酒店在中国现阶段的旅游市场中占据着很大的市场份额，如香格里拉、万豪、希尔顿、喜来登等。这些酒店的常住客人大部分是来华旅游的外国客人、来华出差的外国商人以及国内的商旅客人，这些客户注重的是品牌和豪华程度以及自身地位的彰显。然而，随着社会的发展以及人口结构的转型，快捷型连锁酒店也在中国的国内市场中占据相当大的部分，并在不断的发展中涌现出一批优秀的企业，如锦江之星、如家、7天、汉庭、格林豪泰等。在这样纷繁复杂的发展阶段，市场的规范程度及受控度将对其未来发展起着重大作用。

简而言之，旅游及其相关产业的蓬勃发展是必然，而发展速度与程度则需要更多的关联因素的相互制约和相互促进。

石油物探局涿州外宾宾馆实习报告

姓名：孙羽
年级：2010 级酒店管理专业
实习单位：石油物探局涿州外宾宾馆
实习时间：2013 年 7 月—2013 年 10 月

一、实习内容

2013 年 7 月至 10 月，我得到了石油物探局涿州外宾宾馆实习的机会，实习岗位为行政助理。涿州外宾宾馆隶属于中国石油集团，主要接待集团内来涿州出差的宾客，并承办石油系统内的大型会议等活动，同时面向社会营业。我的工作内容繁琐而细致，涉及了许多方面，主要包括撰写、整理文件，收发来往信件、数据统计和录入、协助安排领导会见来访客人、协助内部会议的组织及记录、协助筹办大型活动，等等。在为期三个月的实习过程中，我有了许多在学校里从未有过的体验与感受，有时半天都坐到电脑前，有时忙得恨不能踩上风火轮，脚不沾地，晚上到家后腰酸背痛。这段实习经历是难忘的，并且对我今后的工作、生活都留下深刻的影响。我将着重介绍自己工作的两个部分。

1. 整理文件、收发邮件、接打电话等

这一部分是我工作的重点。我主要整理一些文档，并将它们归类收好。同时按照领导的盼咐，将他口头的安排以文字的形式呈现出来。我每次撰写文件的时候，都再三斟酌，生怕自己有措辞不当或错别字的情况出现。此外，我还学会了使用打印机与复印机，这项工作听起来容易做起来难。

因为自己在外国语学院就读，而且大部分同事英文程度差强人意，所以收发英文邮件和接打英文电话的工作自然也落到了我肩上。公司属于石油行业，外宾很大比例来自中东或非洲国家。有一次，一位来自苏丹的客人到前台试图与宾馆员工沟通，他说英文的口音比较重，而当时当班的同事只接受过一些日常交际用语的培训，恰逢苏丹朋友的随行翻译不在，所以他们的沟通进行得异常艰辛，后来领导叫我过去才听懂他的意思。

2. 负责办公室日常事务、帮助安排领导行程

我在岗期间，尽量每天都提前到单位，做一些打扫卫生、倒热水等琐碎的小事，并且主动承担到其他部门或单位跑腿的工作。因为我是新人，周围同事都是我的老师，我的实习过程更像是一个从零开始学习的过程，同事和领导都耐心地指导我、鼓励我，我觉得帮他们分担一些我力所能及的小事是我表示感谢和尊敬的方式。

我还会帮领导安排他的行程，例如访客的接见、例会的安排、出差宾馆车票的预订等。这部分工作没有难度但需要十分细心，一是对时间、地点的细心，不要出纰漏；二是对领导的细心，仔细观察和了解领导的习惯。有一次领导在外地给办公室打电话说他改签了机票，十点的航班，安排车去北京机场接他。我在跟司机确认时间的时候，想当然地以为是当天晚上十点的航班，好在那位司机比较了解领导，知道他不喜欢坐晚上的飞机，于是打电话过去确认了一下，才知道是第二天上午十点的航班。

二、实习心得

1. 工作要细致、认真、负责

行政工作细致、复杂，所以需要我们十分认真。如果对待录入的数字不认真，出现了错误，往小处说有可能使今后的查找、统计等工作难以进行，往大处说有可能给公司带来损失、出现错账等。虽然是

实习岗位,我们依然应该把自己当作负责人一样来对待工作。

2. 要任劳任怨

实习时,由于我们不是正式职员,所以同事把我们当学生看待。领导在这期间一般不会给我们特别重要的工作去做,他们会交给我们一些比较简单的工作。例如打扫卫生、给领导端茶倒水、在各个部门之间递送文件、去购置一些办公用品,等等。事务非常杂,而且也不是很重要,但是我们不能泄气,也不能好高骛远,任何事情都是从小事开始做起的。把这些小事做好的同时,我们应该自己主动找一些事情来做,慢慢提升自己。

3. 要虚心学习,不懂就问

在刚接手工作时,有很多问题是我不懂的,这个时候不能自以为是,更不能什么都想当然地去做,应该虚心向同事和领导请教。大部分情况下他们都会耐心和蔼地教我们。同时,我们也不要害怕犯错,在接触新事物时,犯错是正常现象,知错能改才是最重要的。

4. 注重人际交往

我们生活在这个社会中,每个人都不能独立于他人而存在,并且一个部门就是一个集体,我们需要有团队意识才能使工作简单、得心应手。我在外宾宾馆工作的时间不长,但是工作期间会主动跟大家打招呼并进行交流。只有自己主动接近他人,才会逐渐取得信任和好感,而这些感情都是在交流中逐渐形成的。刚进公司时,我只能帮领导打字,离开的时候我已经能独立撰写文件了。

三、总结

实习的日子很快就过去了,除了留恋,更多的是对自己的深省。在实习期间,我的确在同事领导的帮助下发现了自己的许多闪光之处,除此之外我也认识到了自己在工作当中的不足,比如写作能力仍需提高、对计算机的应用不够熟练、理论和实践联系得不够紧密,等等。但我勇敢地迈出了走向社会的第一步,这段经历对我以后的工作生活有极大的积极影响,我也将会更加努力迎接未来。

北京严肃科技有限公司实习报告

姓名：王玥
年级：2010级酒店管理专业
实习单位：北京严肃科技有限公司

北京严肃科技有限公司目前只经营一个关于餐厅点评的APP，叫"饭本"。"饭本"的特色就是依靠朋友的点评找餐馆。"饭本"这个团队现在一共有17个人，CEO是网易前任副总编，大队人马也都是从网易带出来的。我们的CEO陈萌沧认为吃饭这件事儿并不简单，它是分层的，你愿意去哪儿吃饭很大程度上取决于你的消费水平以及你对不同食物的品鉴能力。关于"去哪儿吃、吃什么、好吃么"这些问题，你会更倾向于去询问与你口味相近、值得信赖的朋友，而不是从大众点评每家餐厅十几页的陌生人评论里寻找答案。所以基于朋友圈的餐厅点评APP"饭本"就应运而生了。

我算是"饭本"的元老级用户了，从它一月份上线我就开始注册使用，刚开始那一阵儿每天都特有精神头地斟词酌句发我吃过的各个餐厅的点评，没俩月就成了饭本首页推荐的用户，积累了3000多粉丝，连京城大名鼎鼎的美食家董克平老师、小宽胖老师也关注了我。有天刚好看见"饭本"官微发微博诚征美食记者、编辑，我就发了份儿简历过去，总监笑说"饭本大号"要来实习了，每月一千五，早11点至晚7点，7月开工。

刚开始我的工作十分轻松、简单，主要是负责维护POI后台，处理一些用户反馈上来的问题，补充一些餐馆的信息，比如地址、电话、营业时间、坐标、菜系等，有时也会帮签约的美食家或者媒体编辑一些榜单。其实这些活儿都没什么技术含量，就是工作量大，磨性子。我最喜欢的是外出采访。"饭本"升级到2.0版本后推出了精选频道，精选频道会发布一些在京城美食圈有威信力的人物推荐的餐厅榜单，我要去联系这些人，向他们介绍"饭本"，再采访他们，然后做出一个推荐餐厅的榜单。

  我的第一个采访对象是后海 Cafe de Sofa 的台湾老板蛋蛋。蛋蛋是京城小有名气的美食达人，经常会在微博、大众点评上发布一些餐厅的点评。我一直觉得台湾人无论男女，说话都特别温柔，所以我选他作为我的第一个采访对象，期望可以轻松简单地完成这次采访任务。其实我不擅长和陌生人打交道，所以第一次去采访，还是这种没有预约地闯入式采访，特别紧张。推开店门看见蛋蛋正在厨房忙，我就特愣地跟蛋蛋说："您好！我不是推销的，我是'饭本'的编辑王玥，您听说过饭本这个APP吗？"蛋蛋听得一愣："呃……我们店不用APP。""不是给您家店用，是让您自己用，我们是一个关于餐厅点评的APP。""哦，我现在比较忙，您先去楼上等我吧。"蛋蛋半推半就地答应下来，我便悻悻地上楼要了份卤肉饭边吃边等。焦灼地等了1个多小时，我一遍遍地梳理一会儿要怎么和蛋蛋聊，就在我等的都要绝望的时候，老板蛋蛋终于上来了。与之前尴尬地初次见面相比，后面的谈话就变得顺风顺水起来。简单地给蛋蛋介绍了我们APP的功能、展示了使用方法之后，他十分感兴趣，欣然答应加入"饭本"，而且他在大众点评上发布的10多个餐厅推荐榜单都可以转载到我们APP内。当时我欣喜若狂，这可是我谈下来的第一单"大生意"。真是万事开头难，后来采访的人多了，积累了一些经验，也就不怎么紧张了。

  实习中间还有两次抛头露面的机会。一次是我们APP的登录界面需要几张用户的图片做宣传，我和我男朋友作为"饭本"模范黏性couple用户就被叫来拍了一张。另一次就是临近七夕的时候，我们APP想拍一个推广的小短片，我和男朋友再次受邀荣幸出镜。这也算是实习福利吧。

"饭本"升级到 3.0 版本后需要很多 Pro 用户的加入，比如餐厅的老板、主厨或者酒店的公关，我们需要这些 Pro 用户及时发布关于他们餐厅的资讯，比如店里来了新主厨、哪天又进了什么新鲜食材、逢年过节有什么活动，等等。"饭本"3.0 版本更像是给餐厅铺设了一个信息发布平台。

前段时间有名的水果电商"本来生活"开了一家线下体验馆——饭鲜生西式厨房。行政总厨郭强大有来头，他曾在意大利学习意餐和日料的烹饪，曾就职于米兰 Armani 餐厅、师从 Nobu。我想让郭老师在"饭本"开个账号。我在采访之前都会详细地了解我的采访对象，手段就是把他的微博翻个底儿掉，调查中了解到郭老师十分爱收集盐。之后没多久我陪父母去日本玩，每到一处都会留意有没有卖盐的，正好看见一个四小瓶一联的盐的纪念品，就买了两联，想回来采访的时候送给郭老师。初次见面的时候，我把盐送给了郭老师，他十分惊喜也十分喜欢，直夸我用心，痛快地答应了开通"饭本"账号。

在"饭本"从 7 月干到现在，越来越忙，我的工作也越来越深入，有点累，但很充实也很开心。这里的每个人都很简单，没有成人世界的钩心斗角。我很喜欢我们公司里闲时活泼、忙时严肃的氛围。前两天刚去印了自己的名片，这里将成为我的第一份正式工作，我很满意。

北京飞鹏文化传播有限公司实习报告

姓名：于彤
年级：2010 级酒店管理专业
实习单位：北京飞鹏文化传播有限公司
实习时间：2013 年 7 月—2013 年 10 月

2013 年的夏天，我开始了自己的实习生活。应该说我是幸运的，感谢学姐和老师的推荐，我进入了北京飞鹏文化传播有限公司实习。在我实习的这几个月中，我参与到中央电视台戏曲频道外包给公司的一档名为《梨园闯关我挂帅》的栏目当中进行学习。

我的专业是酒店管理，我很喜欢我的专业以及与其相关的会展经济管理，我将大部分大学的学习生活投入于其中，同时，我将剩余的时间和精力投入了本校的二外电视台。我的大学生活很充实，在我学习专业知识的同时，也学习了视频剪辑制作和节目策划的基本知识。我对媒体和酒店都充满了向往，我决定在确定工作方向前尽力将本专业方面和电视媒体方面的工作都尝试一下，我需要了解我更适合哪方面。所以一有推荐，我就抓住了这次机会。2013 年 7 月，我怀着期待和热忱，开始了我的电视台之旅。

我实习的栏目组叫作《梨园闯关我挂帅》，这是中央电视台戏曲音乐频道自 2011 年重磅推出的一档 60 分钟游戏闯关类戏曲综艺节目。节目宗旨是以轻松愉快的趣味答题、幽默爆笑的创意表演、紧张新颖的闯关游戏以及各路跨界明星的鼎力加盟，融汇多种综艺、益智等另类的方式吸引年轻人全方位多角度接触中国戏曲艺术，并慢慢发现戏曲的魅力，真正在寓教于乐中推广弘扬中国传统戏曲文化。节目从舞美设计、音乐设计、包装设计、游戏设计等各环节各方面都突出轻松、愉快、时尚的特点，而又不失戏曲的形式感。戏曲，对于我来说，是完全陌生的，坦率地说，我听不懂戏曲，也对其并无兴趣，最初的一段时间内，我只是机械地完成前辈们交给我的工作——剪辑素材，在录制现场观看节目，跟着剧务一起忙东忙西，帮制片打印材料。完成这些工作的时候我没有其他想法，只是想把它完成而已。任何事情都是需要培养兴趣的，在这几个月的接触中，我了解了很多戏曲方面的知识，也比原来更有兴趣了，渐渐开始喜欢剪辑我们节目组的片子。剪辑素材需要花很长时间，重复地看每一帧画面，一点一滴，非常缓慢，而且必须重复无数遍。如果对内容一点兴趣都没有，进行下去会非常困难。通过接触，我慢慢地有了兴趣——咿咿呀呀的唱段多少能明白一些内容了，戏曲的服饰很漂亮，油彩画在脸上看着也很好看。

在整个实习过程中，我每天都会有新的体会和认识，认识到了任何一种工作都会遇到各种各样的困难，明白了最初所想象的永远和实际所遇到的不一样。在这些认识和体会中，我体会最深的就是要有热情。在实习之前，我也很有热情，但这个热情和我所说的并不一样。实习之前的热情是出于对实习工作的向往，而我所说的热情，是在充分了解实习工作和自己的想象有出入后，依然保有的热情。在感受到想象和现实的差距后依然要保持学习和工作的热情，而不是消极怠工。我在接触工作前想象的是，我每天剪辑片子，和大家一起开会讨论制作方案，在现场录制。而我接触了以后发现我很少会接触我所想象的工作，我做得最多的就是跑腿打杂，但我仍然很喜欢，很兴奋，因为我接触到了我一直想接触的事情，即使只是在边缘，所以，我依然很有热情。

因此，我想总结的第二点就是应该勤于打杂，认真打杂。

最初，我抱着一种自己只是学生的态度，"我什么都不会，前辈们得教我"。但我很快发现了那样行不通，因为大家都很忙，并没有时间去教你，我只能照猫画虎，自己找活干，即使是在录棚时去买盒饭，我也积极主动。没有人会因为你是刚毕业或在校的大学生而原谅你的任何错误，更没有人因为你是新来的就对你降低要求。

即使只是打杂，我仍有很多不足。在多做的同时，要多问、多听、多看、少说。我们一起工作的人，除了专业技术人员，其实大多数人的能力相差不大，关键是看你自己对待工作的态度，态度正确，没学过的知识也可以在工作中逐渐地掌握。刚开始时，看着周围的同事忙得不可开交，自己却无所事事，这样的感觉很不好。没有人可以帮助你，因为所有人都很忙，也没有人可以告诉你应该怎么做，因为每个人都有不同的任务和安排，唯一可以做的，就只有多听，多看，多做，慢慢熟悉起自己的工作。

在工作过程中，我碰到很多问题，不懂的东西我会虚心向同事和前辈请教，即使是当别人教我们知识的时候，我们也应该虚心地接受，不要认为自己懂得一点鸡毛蒜皮就飘飘然。

我在实习时犯了很多错误。犯错不可怕，但就怕一错再错。每个人都有犯错的时候，工作中第一次做错了不要紧，领导和同事会纠正并原谅你，但下次你还在同一个问题上犯错误，那你就享受不到第一次犯错时的待遇了。尤其我所实习的地方，我们所制作的是在全国人民面前播出的节目，所以不允许有一点错误，一丁点错误就会被无限放大。

很怀念实习的日子，尽管时间很短、很苦很累，但这份工作调整了我的就业心态，以前我总想找一份自己爱好的工作，可现在我知道找工作很难，要专业对口更难，很多东西我们初到社会才接触和学习。所以我现在不再像以前那样总是等待更好机会的到来，而是建立起先就业再择业的就业观。社会是个比大学更大的学校，我们应尽快丢掉对学校的依赖心理，学会在社会上独立，敢于承受社会压力，使自己能够在社会上快速成长。通过这次实习，我想在接下来我的学习和工作生活中有更多地进步和提高。很期待我的下一次实习！

北京金融街连卡佛实习总结

姓名：陈佳欣
年级：2011 级酒店管理专业
实习单位：北京金融街连卡佛
实习时间：2014 年 7 月 3 日—2014 年 9 月 10 日

一、实习目的

通过毕业实习，能够检验自己在校期间的学习情况，以及看到自身的不足并得以提升。同时，实习又是一个真正进入社会的渠道，是一个接触社会，锻炼自己的平台，培养自己的业务水平、与人相处的技巧、团队协作精神、待人处事的能力等，尤其是观察、分析和解决问题的实际工作能力，以便提高自己的实践能力和综合素质，可以为日后进入工作岗位打下坚实的基础。

二、公司情况介绍

Lane Crawford 连卡佛是亚洲首屈一指的专门店，面向大中华地区销售品类繁多的设计师品牌以及 Lane Crawford 商品。连卡佛在香港、北京、上海和成都都设有专门店，云集了来自世界各地的女装、男装、鞋类及配饰、内衣、珠宝、化妆品以及家居时尚用品。

三、实习内容与心得

在北京金融街连卡佛，我的实习岗位是店铺办公室的前台，主要职责是文件收发、接听顾客电话、货单录入以及求职者的接待。每天打开电脑将前一天的销售记录做成报表以邮件的形式发给各部门的经理，再与每个进入办公区域的同事打个招呼成为了我早晨必做的两件事。

开始我把前台的工作想象得有些简单，但是当我真正投入进去时才发现并没有那么轻松。第一个难关就是要求我记住办公室每一个同事的中文名字和英文名字以及他们的分机号。因为前台的一项重要的任务就是帮助打来电话的同事或是顾客转接电话。其次就是要记住店铺的各个分机号。接电话也是一个并没有想象中那么轻松的工作，因为连卡佛是香港公司又拥有多个国际品牌，所以接电话遇到外国人的概率很大，与外国人在电话中交流与面对面交流是有很大区别的，我得明白顾客的需求同时又要找到正确的转接同事，真的是一项非常具有挑战性的任务。

货单录入是我实习的主要工作，每天把店铺进货的所有化妆品产品录入到系统中是个烦琐的工作。经过我手上的货单金额加起来也快要上千万了，所以不能有任何马虎，若输错了一个数就会带来一连串的麻烦。这非常锻炼我的责任心和细心。有时觉得工作又枯燥又累，但当我完成一大摞货单交给财务并获得肯定时，我能感受到从没有过的成就感。

在这份实习中我学到了不少，办公室前台和酒店前台有相似之处却又有不同，与酒店前台相比办公室前台多出了与办公室同事相处的部分，不仅仅是与前台的各个部门的合作和与顾客的交流沟通，办公室前台更增加了后台运行间桥梁的作用。与此同时在接待面试人员，为员工办理入职、离职手续时，我也接触了人力资源的工作。在为各部门经理做销售报表时也接触了行政的工作。虽然只是小小的办公前台却让我在工作中收获良多。

实习虽不是一份正式工作，但也是步入社会的初级阶段，它能够检验我在校学习的理论知识水平，同时也能将理论知识更好地做到与具体工作相结合，还可以了解到自身的不足之处，从而加以补充进步。实习过程中不仅学到了专业上的知识，在为人处事以及人际关系处理上也得到了很大的提升。实习在帮助应届毕业生从校园走向社会起到了非常重要的作用，因此要给予高度的重视。通过实习，让自己找出自身状况与社会实际需要的差距，并在以后的学习期间及时补充相关知识，为求职与正式工作做好充分的知识、能力准备，从而缩短从校园走向社会的心理适应期。虽然实习时间不长，但它给了我锻炼的机会，有助于日后工作能力的提高，同时，实习也是一个响亮的警钟，告诫我仍有需改进的不足之处。总之，在这次的实习生涯里，我受益匪浅。

天津 Intercruises 公司实习总结

姓名： 冯淑娴
年级： 2011 级酒店管理专业
实习单位： 天津 Intercruises 公司
实习时间： 2014 年 6 月—2014 年 9 月

以前在微信朋友圈总是看到感叹大学光阴太短的状态，对于当时的我来说，觉得那些事情都太过遥远。所以我从没想过有一天离开学校去实习的时候会是什么样子的，更没有想过这其中所包含的艰辛。直到我步入了大四，直到我经历了实习的历练。

三个月的实习给了我很多的感触和启发，在这个过程中我尝过被客人责怪的苦涩，有过被人批评的委屈，受过他人抱怨的眼神，但这些都不算什么。因为我发现最终我得到的更多的是越来越多的赞赏。总而言之，从刚开始的怯懦青涩到后来的自信成熟，对于我来说是一个很好的蜕变过程，因此，我非常感激现在的这段经历。

我的实习单位是天津 Intercruises 公司，主要是为皇家加勒比船方服务，在港口为客人办理一系列的登船手续等。因此，作为实习生的我会在工作期间面临大量的游客，包括一部分外国人。大部分工作都需要直接对客交流，这对于性格偏内向的我来说是一个挑战。刚开始工作时内心特别不安，因为我在一开始就被安排做 check-in 工作，这个职位接触客人最多，与客人交流时间最长，当然也是其中一个最关键的岗位。除此之外，更让我忧心的是我们使用的 PC 操作机全部是英文，而我在工作时早已忘记了当初简短的培训内容。虽然之前有领导的鼓励,但真正到了大批客人涌来的时候,我还是开始慌张了,我担心点错按钮,担心漏掉一个步骤,担心会受到客人的抱怨,担心会给客人拿错船卡,各种各样的担心让我忘记了时间,忘记了腰酸、腿酸和脚酸。到最后,不知不觉中我面前排队的客人全都不见了,我们的工作已经接近尾声了。当时的我第一次感觉到内心特别满足,最初的担心也在忙碌中消失得无影无踪。直到坐在休息区休息的时候,我才感觉到身体已经疲惫到极点,像一团棉花,软软的。这也是我第一次认真地做一份工作——早上6点就开始起床,一直站到下午5点。

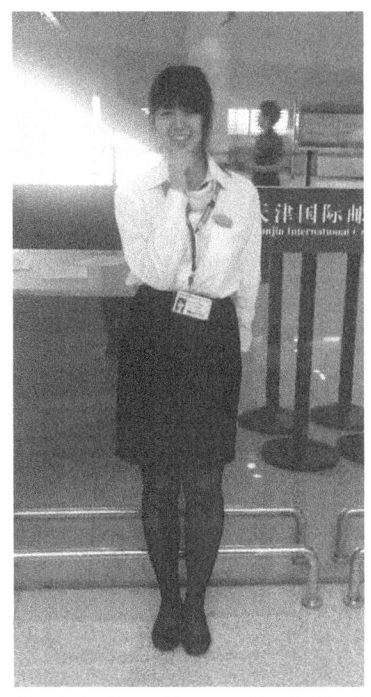

此时此刻我才想到原来酒店前台的工作人员是如此不易,因为他们每天都要以最优雅的姿势站立着,他们为客人呈现了他们最光鲜亮丽的一面,但其中的劳累只有自己知道,这使得我对他们的职业更加敬畏。

工作的过程中我身体力行地学会了三个词。第一个也是最重要的便是微笑。我仍然记得上级给我们做 briefing 时说:"不要慌张,放松自己。不会做,可以;只要会微笑,一切都 OK。"的确,有时一个微笑可以胜过千言万语。不管面对的是外国客人还是中国客人,不管他们说的语言你是否理解,也不管你让他们等候了多久,微笑都可以为你扫除各种麻烦,让焦躁的客人变得安静下来,而且大多时候你真诚的微笑也会换来对方的笑容。因此,它绝对是工作中的一个制胜法宝,屡试不爽。

这第二个词便是耐心。做任何事情,这个词都是必不可少的,更不要说是用在与人交往之中了。在与客人交流中最忌讳的便是缺乏耐心,因为如果作为提供服务的人都没了耐心,那着急上船的客人就更是平静不了了,于是就必然会掀起一场争吵,也必然会影响到周围的人，当然也会引来你的领导，使自己受到公开批评。中国乘邮轮的游客大多是中老年人，他们中的大多数都是第一次上船，好奇心尤为强烈，都想在第一时间走上船去体验。他们大都比习惯慢节奏的外国人要更容易着急，缺乏耐心。所以在与他们交流时一定要有耐心，他们可以没有耐心，偶尔发几句牢骚，但我们却万万不能的，这其中的利弊也许只有经过权衡后才会明白，职场就是这样，不能像在家里一样随意发脾气。

第三个词是和前面所说的相关联的，即熟练，也就是说熟练的技能。我旁边的搭档就是因为不够熟练，而且对于客人的提问一问三不知，便引起了客人的极度不满，自然引来了难听的怨言。我们可以第一次不熟练，但是到了第二次第三次就必须逐渐把你所需要掌握的全部弄清楚，要知道换做你自己心急火燎地跑来问工作人员几个很重要的问题或是着急办手续，结果他说不知道或笨手笨脚地给你办，你也可能会很生气。

总的来说，这三个词是我从职场中学到的第一块金子，无论未来的我身处何地何职，它都将让我获益良多。

在后来的实习中，我从 check – in 的工作调换到 runner，sea pass-scan 以及其他工作，基本把整个工作体验了一遍，充分了解了整个港口的工作运转体系，也更好地了解了邮轮课上未涉及的知识。后面的岗位虽然各有不同，但是却与我前面所做的 check – in 工作紧密相关，这让我第一次意识到大家的团队合作是如此重要。

无数句的"您好""您慢走""您注意脚下"等问候语告诉我服务业是最讲究礼貌的行业。客人对你的全部印象可能仅仅只是你的一句问候，所以在短暂的一分钟时间里，你的一言一行就是你的形象。我们的实习工作很累，但是我却在整个过程中都很开心，因为我周围有很多熟悉的同事，也因为我们有很 nice 的领导，更因为我在此过程中得到的肯定。

总之，三个月的实习让我度过了一个充实的假期，无论我将来身处何地，我想它都将影响着我，鼓励着我，去迎接新的挑战。以前的我一想到步入社会总是很畏惧，但我想那所谓的害怕只不过是在你第一次做一件事的时候必然会出现的，而如今的我在逐渐从这种阴影中走出，因为我不可能永远停滞不前，未来的路还很长，我需要继续向前。

北京问日科技有限公司实习报告

姓名：付婷
年级：2011 级酒店管理专业
实习单位：北京问日科技有限公司
实习时间：2015 年 10 月 17 日—2015 年 1 月 30 日

一、实习目的

通过本次实习真正的接触社会，完成学生向上班族的转变，学会与人更好的沟通合作，提高自己的团队合作能力。

本次实习让我更加独立、成熟，学会独立思考问题并解决问题。端正自己的工作态度，一改上学时代的散漫作风。

通过本次实习，学习使用编辑软件，学会对信息的筛选、整理，了解 APP 的运营；增强逻辑思维能力，学会把握和斟酌关键词和标题，把一切做到精益求精。

二、实习主要内容

对各类日历进行编辑，收集资料，添加内容，维持日历的正常运营。提供新的日历方向，并对新开日历进行策划。

三、实习经历

1. 面试

在我找实习找得焦头烂额的时候，我的朋友提供了这样一个招聘信息，我当机立断投简历面试，在紧张的面试之后，终于收到了面试成功的通知。

2．培训上岗

人事部门简单地培训之后就将我交给了我的师傅，我的师傅对我进行了系统地专业培训。让我了解了实习期间要做的工作，比如：如何运用编辑软件，如何对信息进行筛选、整理、发布以及如何来提高工作效率，等等。

3．工作熟习

刚开始的时候，师傅给我少量的工作，让我先对工作内容进行熟悉。随着逐渐熟悉了编辑技巧，工作量也不断地增加了。现在已经能够独立完成我所有的工作，并能完成师傅交给我的专题项目。

四、实习体会

1．工作方面

实习之后，我发现做好网络编辑要注意以下几点：

（1）得挑选对用户来说有价值、能够解决用户问题并且让用户愿意转载分享的内容，处处为用户着想，以用户的利益为第一考虑对象。这点跟做酒店的服务理念完全相同，没有用户就没有市场；

（2）要做能使自己舒服和满意的内容，你做的内容要是连自己都看不下去，用户也看不下去；

（3）要学会整理、总结，将好的文章整合做一篇汇总，便于客户获取更加完整的信息；

（4）留下专属印迹，让用户一眼就看出是我们的产品，比如在内容中加入我们的专属图片，让我们的产品变得与众不同，提高认知度，增加信任度。

2．社会适应方面

（1）要学会与人合作、沟通。工作中，"我不再是我个人"，而是公司的一分子，在工作中会经常与同事进行交流沟通，比如工作的交接，问题的解决等，如果沟通不好就会造成不必要的误会，影响正常的工作。而且要想在短暂的实习时间内,尽可能多学一些东西,跟编辑们很好地沟通是非常必要的。刚到部门时,他们并不了解你的工作学习能力,不清楚你会做哪些工作,不清楚你想了解的知识,所以需要跟编辑们进行沟通,让他们对你有一个更好地了解,同时这也是我们将来走上社会的不可缺少的钥匙。

(2)要有耐心和毅力。做日历的编辑是非常无趣且繁琐的,既要保证归类准确又要保证更新速度。没有耐心、没有激情是会很快对它厌烦。所以需要坚持并发现其中的有趣之处,并告诫自己,不管做什么,切忌眼高手低,要善于钻研。我想日后不管我从事什么工作,都避免不了每天的重复,工作内容的雷同,所以有耐心是非常重要的。

(3)要学会找规律,做事有条理。不管是编辑内容,还是工作流程,都要找出其中的规律,而且编辑内容必须有条理。而且将这样的习惯运用于生活当中,生活也能过得更轻松、有规律。

北京单向街文化有限公司实习报告

姓名：韩玉冰
年级：2011 级酒店管理专业
实习单位：北京单向街文化有限公司
实习时间：2014 年 9 月—2015 年 1 月

本次实习是为了锻炼自己的动手能力，将学习的理论知识运用于实践当中，反过来检验书本上理论的正确性；同时，也是为了能够更直接地接触社会，加深对社会的认识，增强适应社会的能力，培养自己的动手能力，为以后进一步走向社会打下坚实的基础，为自己未来的职业生涯规划起到关键的指导作用。本人通过在北京单向街文化有限公司的几个月的实习中，不仅达到熟悉书店及咖啡店营运日常的要求，而且，在此基础上，提高了自身的实际操作技能，大大地丰富了社会经验，提高了动手能力，以此达到将所学知识灵活应用于实际工作的目的。

一、北京单向街文化有限公司简介

单向街由知名传媒人许知远在内的 13 个年轻人筹资创办，2006 年

1月1日在圆明园正式开业。公司的目的简单而明确：期待通过书籍、谈话、影像、思想，构建起一个小小的公共空间，给读者，尤其是年轻人提供一个相互探讨问题的平台。自开业以来，单向街以高品质的书籍推荐、免费的文化沙龙闻名，很快就成为北京一个重要的文化场所。单向街充分地相信并认可历史、现实乃至个体的复杂性，却更加信仰开放的交流所能导致的良好循环。

书店在2014年增至三家，知名度随之扩大，受到广大的读者支持与好评。随着网络技术发展，在2014年9月北京单向街文化有限公司开始进行扩大，且在APP正式上线。虽然本身的发展存在不足之处，但是公司整体处于上升阶段。

二、工作内容

机会使然，本人于2014年9月1日通过面试后入职北京单向街文化有限公司进行实习。

在单向街文化有限公司实习时，工作内容分为三个时期。前期主要担任书店店员的工作，主要内容包括三个部分：①书店所需书籍的部分采购；②书店书籍的整理；③书店日常的收银。在实习期间，为能更好地提升自己，获取更多技能，在咖啡厅进行短期学习，主要工作内容是咖啡的简单制作及简单拉花。在后期回归书店工作，并且实习至今。

由于单向街书店店面人员数量有限，要求每一个店员保证工作时间，熟悉整个书店的运营，不仅包括书籍区，还包含咖啡区，但因为工作内容与我的兴趣相契合，所以对我而言比较轻松。但是，在实习后期，由于公司规模扩大，工作内容增加，店员的工作范围也随之扩大，因此，我在完成店面的日常工作之余，还对公司的网店、微信、微博、APP进行工作支持。

作为一家独立书店，单向街的服务理念意在为顾客营造一种良好的阅读环境。因此，工作中无需对顾客进行商品的推销，但由于工作的特殊性，需要店员阅读大量书籍，并且掌握最新书籍动态，以保证书店能及时更新书籍，满足读者阅读要求。因此，工作期间，除去日常工作内容，店员均要提高自己的阅读的深度及广度。

三、实习收获

通过这几个月的实习，虽然时间不久，但是，本人确实受益良多。

正如博尔赫斯所说："在我心中，天堂就是图书馆的模样。"本人在短短几个月内阅读的深度及广度均有很大的提升，从以前仅仅知道三毛、余秋雨、王小波、马尔克斯、陀思妥耶夫斯基的局外人，到如今了解董桥、蒋勋、爱丽丝·门罗、宫部美雪、柯罗的门外汉。虽然读的书仍然很少，但是眼界有了很大的提升，并且意识到文学不仅仅包含小说，设计、电影、旅行类的书籍都与文学相关。

书店工作有有趣的部分，同时也包含枯燥的部分。为了给顾客呈现最新的书籍，拎着一摞摞厚重的书籍奔跑在图书市场是常有的事情。为了能清晰明了地为顾客呈现书籍的类别，经常坐在电脑前四、五个小时不间断地录入书籍，之后，需要花费更多的时间摆放书籍。

店内人数有限，反倒给了我巨大的成长空间，让我迅速成为一名合格的店员。同时，我十分幸运地遇到了一位好领导，帮我在接人待物、处事方式上有了很大的改进。第一次知道一件事从另一角度入手，或换一种说话方式就能达到意想不到的结果。我不仅开始静下心来读书，更感受到了生活独特的一面，明白了不同的生活方式可以带来不一样的生活体验，关键在于你如何选择。

在如今的社会，能够从事一份与自己兴趣相投的工作已属难得；在此基础上，能够学习到更多的知识、技能更是难得。相信通过继续学习，我能够更好地适应社会，在未来的人生道路上，能够走得更长、更久、更远，会有一个更美好的未来。

北京龙炀筑家装饰工程有限公司实习报告

姓名：姜曦
年级：2011 级酒店管理 2 班
实习单位：北京世纪鑫磊科技发展有限公司分公司——北京龙炀·筑家装饰工程有限公司
实习时间：2014 年 7 月—2014 年 9 月

一、实习内容

北京龙炀·筑家装饰工程有限公司是北京世纪鑫磊科技发展有限公司旗下的分公司，是一家涵盖家居、办公、商铺装修设计、施工及完整配套设施、家居家装用品、电子商务等业务于一体的专业装饰公司。旗下主营为自主品牌"龙炀"。近年公司新扩展电子商务业务，主营方向是家居家装用品，产品风格比较多样，以现代家居日用品为主，并开设了龙炀家装京东商城专营店。龙炀家装京东商城专营店的主营产品有厨卫用品、五金挂件、清洁用品，以及生活日用品。

1. 实习目的

在选择实习工作中，我并没有选择与自己专业对口的酒店管理方面的工作，而是选择了比较感兴趣的电子商务相关工作，想要对电子商务方面有一个更深层次的了解，了解在电子商务方面与客人的沟通技巧，以及电子商务的运营等。通过实习得到相关的实践经验，从实习的工作中找到自己的工作方向，同时也对社会有了更深的了解，积累社会经验，并可以亲身体验目标工作的具体内容，认清自身距离职业化的差距。

2. 实习内容

在龙炀家装京东商城专营店中，我工作的主要内容有了解电子商务完整的工作流程；用专门的网上商务沟通软件与客人进行沟通，及时对客人的疑问以及不满进行解答以及安抚；打印资料并交给负责人；电子商务需要对其商品进行图片的拍摄及上传，辅助摄影师的拍摄，协助物品的摆设、打光等；参加库房盘点，采用分区、分组的方式进行盘点，防止重复盘点、漏点现象的发生。

二、实习体会

在这次为期三个月的实习过程中，我体会到了以下几点：一是沟通的重要性。由于电子商务不像我们通常的购物模式，可以接触到实体物品，感受商品的质量，只得凭借网上的实物图片、商品评价以及询问商户了解商品，若是买到的东西有问题则又要向商户进行沟通、解决问题。这里就牵扯到沟通问题。作为商家，与客户的沟通极其重要。在客户购买前，我们要耐心解答顾客对于商品的功能、质量等方面提出的问题，让客户对于商品有一个更好地了解并且充满购买的欲望。当客户购买并收到商品以后，可能会出现对商品质量、数量等方面抱有疑问的现象，这个时候则需要我们核实是否属于我们的错误，如果不是则需要跟商户说明情况，如果是则需要及时解决问题。这都需要具有一定的沟通能力。二是认真的态度。做任何事情都需要认真的态度，不能作为新员工的时候非常认真，等工作时间久了，则对工作

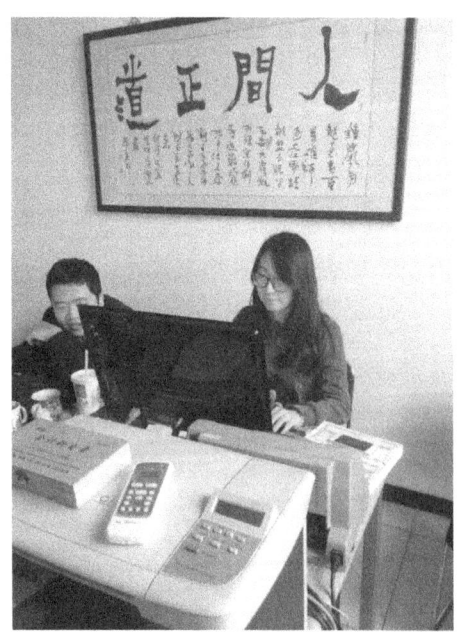

掉以轻心。以积极认真的态度面对一切工作，从始至终都要保持着这种态度，才可以不出差错，完成上级交给的任务。

三、实习收获

实习是一种难能可贵的经历，只有亲身体验才知其中滋味。经过这次实习，我学到了在大学校园中难以学到的东西。例如人际关系方面，如何与身边的人相处是现如今不少大学生刚踏出社会遇到的一大难题，于是在实习时我便有意观察前辈们是如何和同事以及上级相处的，而自己也尽量虚心求教。搞好人际关系并不仅仅限于本部门，还要跟其他部门的同事相处好，那样工作效率才会更高，人们所说的"和气生财"在我们的日常工作中也是不无道理的。而且在工作中常与前辈们聊聊天不仅可以放松一下神经，学习一些工作上的经验，还可以学到不少工作以外的事情，尽管许多情况我们不一定能遇到，可有所了解做到心中有数，也算是此次实习的目的了。还有就是要注意细节，在任何时候做任何事情都要注意细节，例如同事让帮忙复印一些资料，复印完之后需要整理整齐之后再给同事送去，而不是随随便便地就拿给同事。

在这短短的3个月中，我除了学会了一些工作的基本技能外，也学到了做人做事的道理，更让自己浮躁的心平静了下来，提高了自己的能力。这些都是在学校中学不到的宝贵的东西。这些经验让我受益匪浅，它影响到我们今后要走的道路，我会带着在实习中的收获，去争取、去努力，把握好人生中的每一个机会，得到自己想要的生活。

天津母港实习报告

姓名：李星慧
年级：2011 级酒店管理专业
实习单位：天津母港
实习时间：2014 年 7 月—2014 年 10 月

今年暑假，我来到了天津母港进行了为期三个月的实习。这是一家服务公司，叫 Intercruises Shore Side & Port Services 公司，成立于 2003 年，隶属于 Hotel Beds Accommodation & Destination Services。

其实，这已经是我来这里实习的第二个暑假了。在大二暑假的时候，偶然听说这个公司正在学校里招人，因为当时对于邮轮旅行比较好奇，就和其他几位同学报了名，这也算是我的第一份正式的实习工作。我们的职位属于 check – in agency，就是负责录入游客信息，收集资料，以及发放船卡，做信用卡关联等工作。第一天工作的时候，因为对工作尚不熟悉，并且客流量大，来的时间又比较集中，所以有些手忙脚乱，但是经过一些老队员的指导，很快地适应了。一天下来，虽然站了很长时间，很累，但却很充实。之后，我便喜欢上了这里的工作环境，不忙的时候大家聊聊天，忙的时候每个人的效率又很高。不得不说，这次实习，让我更加体会到了团队协作的魅力。

而这一次的实习，和上一次又有了明显的不同，首先是因为我们在大三下半学期的时候开设了邮轮管理这门课程，让我们对邮轮产业，对邮轮上服务的高标准有了更加深刻的认识。之前，我并不觉得邮轮和我们酒店管理专业有太大的关联，但是通过学习，我才发现邮轮其实就是一个海上移动的酒店，并且因为地理位置的特殊性，使得邮轮公司对员工的要求更加严格。当时，记得王谨老师请来了歌诗达邮轮的管理层，来为我们介绍邮轮的服务。其中有一条让我印象深刻，叫做"0容忍"，也就是说对于员工的容忍为0，这样严格的要求员工，也是为了为客人提供100%满意的服务。

有了这样的认知，这次的实习我便更加认真地对待我的工作。一周工作两次左右，每次两天。一般都是头一天下午，大巴在学校门口接上实习的同学而后开往天津。到达天津酒店后，开始分发工作牌以及工作服。第二天早上，一般都是6点起床，7点从酒店开往港口，到达港口的时间大概为7:40。到达港口后，通常先是由公司的主管为我们做一个简单的Briefing，之后会有船上的工作人员来给我们再特别强调一下需要注意的事项。最需要关心的是visa的问题，因为我们把的是第一道关，一定要仔细检查，而且每次来的不仅是中国的客人，世界各地对于visa的要求不尽相同。要十分注意国家、有效期、签证次数、还有团体和个人之间的不同，所以检查visa需要非常细心。

这次和上次的操作有些不同，不再使用set sail，而是用name search查找录入。这次工作比较方便的是，可以由领队带着整个团队的护照，让我们录入信息。这样一来，节省了我们等待客人的时间，方便了我们的工作，也免去了客人集中排长队的麻烦。

信用卡关联一般是在下午进行。用卡关联需要客人亲自到柜台进行办理，领队无法代办，所以，这项工作是需要和客人解释最多，也最容易产生问题的一个环节。很多客人是第一次选择邮轮出行，之前并没有做过类似的关联。领队比较忙，也很少解释。因此客人一般都会前来柜台详细地询问。信用卡关联，其实就是要把信用卡与房卡相关联，而游轮上采用的是无现金支付方式，一切支付使用卡都是房卡，这就表示房卡相当于一张记账卡，把在船上所有的消费记录在房卡上。关联了信用卡之后，刷房卡就是刷信用卡，并且下船自动解绑，这样就省去了下船之前还要排队用现金或是储蓄卡结账的时间。为了确保客人的财产安全，避免纠纷，我们要求所关联的信用卡必须在船上，并且要由信用卡持有人来签字办理。因为房卡都是实名制的，所以我们在办理的时候，都会仔细地检查。

　　在有一次办理信用卡关联的过程中就出现了一段小插曲，一位客人过来，带着她先生的信用卡前来办理关联，但我们发现她先生并没有上船，于是告诉她："抱歉，信用卡卡主本人不在船上，无法办理信用卡关联。但是这张卡仍可以用于付账，只是需要在最后下船时排队结账。"但是这位女士很不高兴，她说，"她已经坐过很多次邮轮了，从来都是可以做信用卡关联的。凭什么我们这边就不行了，要是我不说我先生不在船上，你们不是也就给办了？"虽然这位女士的态度很不好，但是我觉得我也要理解她，毕竟出来玩，头一关就不顺利，我不能因为她发脾气，而对她态度不好，因为我们是这里的工作人员。虽然我们只是在港口服务，但还是要以在船上工作人员的标准来要求自己。于是，我给她耐心解释，刷信用卡必须要和房卡姓名一致，因为要在卡主名下刷，所以如果卡主本人不上船的话就没有办法做关联。而且，做了关联以后，刷房卡就直接走信用卡账，无须密码，为了保证客人的财产安全，我们有严格的规定。这位女士听了还是有些不高兴，但是也没有办法，就走了。之后，我去为别的客人取房卡时发现这位女士在其他柜台企图办理信用卡关联，还是被拒绝了。我们一定要确保卡主上船，因为做信用卡关联后，在邮轮上的任何消费都不需要输入密码。我们这么做，也是为了确保信用卡卡主的财产安全，是对客人的负责的表现。

这次的实习虽然累，但是让我爱上了这种团队工作的状态。而且，我更加清楚如何与人打交道，如何应对突发事件。在本次实习中，每一天的工作我都认真对待，我也成长了很多，收获了很多。

北京盛世国际旅行社实习报告

姓名：梁斌
年级：2011级酒店管理专业
实习单位：北京盛世国际旅行社
实习时间：2014年7月1日—2014年9月30日

我于2014年7月1日—2014年9月30日在北京盛世国际旅行社有限公司进行了为期三个月的专业实习。实习岗位分别为前台接待和导游陪同。通过本次实习，我巩固了大学四年所学的旅游业以及酒店业的知识，尤其对旅游这个行业有了更加熟悉的认知，同时也对旅行社的基本职责和各岗位的工作流程有所了解，掌握了对客服务工作中的一些基本技能，在实践中找到了理论知识与实际操作的结合点。在实习过程中，也找到了自己的缺点与不足，尤其在知识运用版块查漏补缺，总结了一些经验和教训，为自己日后弥补不足指明了方向，使自己不断提高自身的价值，为以后就业奠定良好的基础。

一、实习概况

1. 实习时间
2014年7月1日—2014年9月30日
2. 实习地点
北京盛世国际旅行社有限公司
3. 实习目的
（1）完成学校统一要求的参与社会实践活动的任务。

（2）提高自己的服务技能，处理好与同事的人际关系，做一个优秀的旅游业人和具有创新意识的团队人员。

（3）通过实习真正意义上接触社会以此来增加生活阅历，更加深入地了解社会，为步入社会打下良好的基础。

（4）旅游业近几年得到了高速的发展，在高速发展的同时也出现了一系列问题，有问题就有机会，通过对旅游行业的不断了解，找到创业的机会。

（5）通过在旅行社的实习更加具体深切地了解旅行社业的整个工作流程，锻炼自己对所学理论知识的消化应用并消除对旅行社业的片面理解，并结合专业的酒店业知识改进旅行社的服务形式，更好地为顾客提供服务。

（6）向旅行社的管理人员多学习一下管理经验，方便之后的稳步提升。

4. 实习单位概况

盛世国际旅行社有限公司创建于 2000 年，位于北京市朝阳区东土城甲 4 号 A 座 307 室，是国家旅游局正式批准成立的国际旅行社。公司注册资本金 40 万元人民币。公司主要经营国内旅游业务；网络技术咨询、技术服务；组织文化、体育、艺术交流活动；劳务服务；电脑图文设计；零售工艺美术品、百货。注册员工人数为 8 人。

二、实习内容

1. 接待实习培训

刚进入旅行社，首先接触的是接待培训。2014 年 7 月 1 日，由于旅行社内部合作关系，我被安排在中国和平旅行社有限公司与该公司新入职员工一起进行入职培训。培训的内容主要是如何更好地完成接待工作。经过一上午的学习，我初步给接待工作下了一个简单的定义，就是接待一些前来进行旅游咨询的顾客。我们都知道第一印象的重要性，客人对旅行社的第一印象也非常重要，首先服务人员必须面带微笑，真诚的微笑是交往之间的桥梁；然后，在介绍线路时要时刻从客

人的立场出发，设身处地为客户着想；最后是对于外出游玩的介绍，要及时向客人说明当地的消费情况、风俗情况、注意事项等。

经过大学四年的专业培养，我适应及接受新鲜事物的学习能力很强，再加上部门经理及师哥师姐们的耐心指导与帮助，当天我就在边学边做的过程中完成了工作任务。我学会了如何接听业务来电、如何接待来访顾客，以及为顾客查询旅游产品路线，等等。

2. 产品线路安排实习

我是个刚到他们部门的学生，起初，部门经理并不让我参与线路的安排工作，只是让我慢慢看别人怎么做，经过一周的学习，我对产品线路安排工作已经基本了解。产品对于一个公司的存活起关键性作用，而旅游线路就是一种旅游产品。由于旅游产品容易被抄袭，旅游企业一般不把线路安排透露给同业竞争对手，防止线路单调重复，在一定程度上影响利益。经过两周的学习，我掌握了对于线路安排要注意的几点：首先，要遵从客人要求，按照客人要求安排线路。其次，让客人在合理的时间内游览完他们想游览的地方并根据顾客预算安排最合适的线路。最后，工作人员应对线路所包含地区的地理环境、风俗环境进行阐述，防止旅行者的人身安全及利益在当地受到损害。

之后的几天时间里,我熟悉了该公司现流行的数款旅游产品路线,通过网上查询,自我研究以及向店内经验丰富的老人请教之后,开始为顾客介绍线路并做出详细地讲解。其中印象最深的一条线路,是围绕张家界森林风景区设计的,途经张家界、金鞭溪、天子山、袁家界和凤凰古城的五日游,我清楚地记得,那是我准备的最充分的一条旅游线路,也是顾客在我的讲解之下选择的最多的线路。之后的几天,经过店内人员的指导,我学会了如何帮客人填写报名表以及如何签订旅游合同。就这样在这一个月的时间里,通过不断地努力和前辈的指导,我学到的东西越来越多,理解的东西越来越多,要记的东西越来越少,工作起来越来越熟练。

3. 导游陪同工作

由于还没有考下导游从业资格证,所以没有资格单独带团,但我还是申请了陪同工作的实习。经过系统地培训,我对陪同的工作职责和工作要求有了了解。担任全陪工作的导游人员的主要职责是:实施旅行社的接待计划,监督各地接待单位的执行情况和接待质量;协调领队、地陪、司机等各方面接待人员,使他们加强合作,做好旅行各站的衔接工作;配合、督促地方接待单位安排好旅游者的食、宿、交通和参观、游览活动,照顾好客人的生活起居;维护旅游者的人身和财物安全,处理好各类突发事件,并能提供与之相关的延伸服务;耐心解答旅游者提出的问题;反映旅游者的意见和要求,开展市场调研工作,协助开发、设计新的旅游产品。

三、实习体会

在这次实习中我感受到了强烈的竞争气氛。旅行社与旅行社之间的竞争,人与人之间的竞争。在旅行社这样的服务性行业,所需要的人才不仅要有一定的专业知识,还需要懂得如何为人处事和待人接物,以及对游客的耐心和责任心。更为重要的是在实际过程中我才真正发现自己学识的浅薄和经验的匮乏。我感觉在学校学到的理论知识和自己在工作中的实践其实并不是一个概念,这也正是学校之所以让我们实习的原因。这次实习提高了我的调查研究、观察问题、分析问题和解决问题的能力，培养了我身为一名在校大学生在社会中的生存能力。同时也使我发现并及时弥补了自身的缺点与不足之处。例如，缺少耐心，沉不住气，对事考虑不周，自满、自负，等等。在以后的学习生活中，我一定会尽力完善自己，将自己的不足之处减少到最小，随时提醒自己，随时克制自己。在实习期间所学到的东西我会牢记一生，养成的好习惯，我会继续坚持下去。它给予我的社会经验以及团队精神使我受益终身。

威立雅实习报告

姓名：彭正颖

年级：2011级酒店管理专业

实习单位：威立雅

实习时间：2014年9月—2015年1月

2014年9月我第一次真正地踏入社会，开始了为时三个月的工作实习体验生涯。时间不长，体会甚多。领悟到那句"读万卷书，不如行万里路"的真谛。

本次实习的目的在于通过理论与实际的结合，个人与社会的沟通，进一步培养自己的业务水平、与人相处的技巧、团队协作精神、待人处事的能力，特别是观察、分析和解决问题的实际工作能力，由此提高自己的实践能力和综合素质，希望能帮助自己以后更加顺利地融入社会，投入到后续的工作中。

一般来说，学校的学习环境和社会的工作环境差距很大——学校主要专注于培养学生的学习能力和专业技能，而社会主要专注于员工的专业知识和业务能力。要适应社会的生存要求，除了要加强课堂上的理论知识外，还必须要亲自接触社会，参加工作实践。通过对实践工作的了解来指导学习。实际体会一般公司职员的基本素质要求，以培养自己的适应能力、组织能力、协调能力和分析解决实际问题的工作能力。？

实习在帮助应届毕业生从校园走向社会起到了非常重要的作用，因此要给予高度的重视。通过实习找出自身能力与社会实际需求的差距，在以后的学习期间及时补充相关知识，为求职与正式工作做好充分的知识及能力的准备，从而缩短从校园走向社会的心理适应期。

虽然已经是大四，但对于实际工作具有不确定性。毕竟书本教给我的只是一个概念，并没有具体操作。所以，面对一个难得的实习机会，我一定会把它做好。通过这段历时三个月的实习，我学会了如何面面俱到地处理比较琐碎的事情，也体会到了工作的辛苦，同时也觉得自己在学校所学的专业知识有一定欠缺，起初不能完全适应激烈的工作要求。譬如，那些实际操作性极强的工作，我们这些没有丰富工作经验的学生，是根本无法和那些老手相竞争，有时候感觉确实无从下手。但在本次实习期间，从起步时的生疏到后来的游刃有余，我都全身心地投入到工作中去。

实习对我来说是个既熟悉又陌生的字眼，因为我十几年的学生生涯也经历过很多的实习，但这次却意义不同。它将全面检验我学习、生活、心理、身体、思想等各方面的能力。它就像是一块试金石，检验我能否将所学理论知识用到实践中去。我在实习期间的表现将关系到我能否顺利地立足于这个充满挑战的社会。这也是我建立信心的关键。所以，我对它的投入也是百分之百的！三个月的实习生活结束了，我付出了很多，也收获了很多。

从今年的九月份开始，我体验了与以往完全不一样的生活。每天在规定的时间上下班，上班期间要认真准时地完成自己的工作任务，不能草率敷衍了事。我们的肩上开始扛着民事责任，凡事得谨慎小心，否则随时可能要为一个小小的错误承担严重的后果付出巨大的代价，这不是一句对不起和一纸道歉书能解决的。

回顾这三个月来自己的工作情况，不得不承认，我在诸多方面还有不足。因此，要及时强化自己的工作思想，端正意识，提高自己的组织和沟通能力，以适应职业要求。

首先，我认为自己处理事情不够全面和周详，欠缺遇事处变不惊，灵活地运用所学知识的能力。

作为一名行政助理，我们的首要目标就是平衡办公室部门之间的关系。行政工作其实每天都需要面对许多琐碎的事情，例如做账单（各种机票、护照、差旅费用）、外籍员工的签证和就业证件的办理、联系中间机构办理各项业务、各种保险的洽谈与协商、整个办公室写字楼的各项支出等。以上工作内容都需要具备灵活性及对紧急事务的应变能力。

其次，注意自己行政工作中的细节，任何细节都是决定你这项工作是否能有效快速完成的关键。尤其是机票账单中的数字。由于外企员工差旅费较高，因此每个月的记账都需要划归到不同的部门，而机票的金额又相对较高，因此需要慎之又慎地查阅表格明细，将各个部门熟记于心，只有这样才能做到又快又准地将账单转交给上级，每一笔钱都输出有理。

再次，要深化自己的业务。熟悉每一个供应商的联系方式，遇到紧急事务先自己解决，如果不在自己的权责范围内就应该马上报告总监，不浪费在等待和纠结上。当任务安排下来时，应该积极主动地完成，时刻锻炼自己，保持乐观主动的心态，即使做错了事，也不需要狡辩，总监需要的是不再犯错的保证，而不是员工在推卸责任。是人总会犯错，所以行政工作需要非常细心谨慎的态度。

最后，端正好自己的心态。其心态的调整使我更加明白，不论做任何事，务必竭尽全力。这种精神的有无，可以决定一个人日后事业上的成功或失败，而我们的行政工作中也是如此。倘若我们能处处以主动、努力的精神来工作，那么无论在怎样的岗位上都会有所建树。

三个月实习让我受益终身。我认为实习是学生完成全部课程后的最重要的实践环节，让我对自己的未来工作有了更为详尽而深刻的了解，也是对这几年大学里所学管理学知识的巩固与运用。从这次实习中，我体会到了实际的工作与书本上的知识是有一定距离的，并且需要进一步学习。但我也十分遗憾并没有到酒店去实习，没有深入地实践大学所学的酒店业知识。不过行政工作培养了我的实际动手能力，增加了实际的操作经验，缩短了抽象的课本知识与实际工作的距离，对实际的工作有了一个新的认知。实习是每一个学生必须拥有的一段经历，它使我们在实践中了解社会，打开了视野，增长了见识，为我们以后进一步走向社会打下坚实的基础。

Intercruises 毕业实习报告

姓名：邱雅雯
年级：2011 级酒店管理专业
实习单位：Intercruises
实习时间：2014 年 6 月—2014 年 9 月

暑期的实习已经告一段落，但这份经历却是难忘的。3 个月的时间让我体会到了工作的艰辛与快乐，更给予了我积累工作经验的机会。

2014 年 6 月 25 日，我开始实习。傍晚 6 点钟，一众同学与同事坐上公司的大巴车去往天津，提早做第二天工作的准备。工作地点在天津国际邮轮母港，我们的工作内容主要是做好乘船客人登船的衔接工作。

Intercruises 是一家国际邮轮代理服务公司。而我们实习中主要服务的是皇家加勒比的"海上航行家"号。这是一艘超大型豪华邮轮。她是"鹰"级豪华游船中的第一艘，船东为皇家加勒比游轮公司，入 DNV 船级。"海上航行家"号是目前世界上第二大的豪华游船，总吨位达 137 300 吨，可载乘客 3840 名，船员人数为 1180 名，这样总人数即为 5020 名。船长达 311.1 米，但最引人注目的还是它水线处宽达 38.6 米，从龙骨到烟囱最上端为 72.3 米。该船内装设计富丽堂皇，前所未见。拥有两个游泳池、皇家赌场、摩登商店街。另外还设计有一个号称"皇家游步街"的 4 层楼高的游步甲板，该游步街长 120 米左右，在两端各与一个 11 层楼高大厅相连。巨大的"劳斯卡拉"大剧院可容纳 1350 名观众。船上还有数量众多的餐馆，主餐厅 3 层楼高，分为 5 个区域，可满足 2100 名客人同时就餐。在烟囱后部还特设有一个攀登壁，供体育爱好者使用。此外，还设有一个小教堂，可供浪漫的新人在船上举行婚礼之用。完成交付仪式后，"海上航行家"号于10月31日离开船厂，驶向迈阿密，并在11月19日举行了盛大的命名仪式。11月21日她开始了7日处女航，航线为迈阿密—牙买加—墨西哥。"海上航行家"号有一艘七万吨级邮轮两倍大的巨轮，总重量高达十四万两千吨，庞大的程度足以容纳五个巨型"固特异"轮胎广告飞船。"海洋探航者"在新旧世纪交替之际首航出海，亦是一艘结合最新科技、工程、设计、美学而建成的超级海上乐园，较其他所谓巨无霸邮轮具有更多、更广的用餐地点、餐饮方式、娱乐设施与休闲空间可供度假旅客选择享用。"海洋航行者"号精彩绝伦的顶级设施包括：两个足球场和4层楼高的皇家大厅、24小时精致美膳飨宴、瘦身SPA中心、海洋冒险青少年节目、两个游泳池、皇家赌场、摩登商店街、娱乐厅、高尔夫球场、溜冰场、5层楼高容纳1350人的百老汇歌剧院。

  也正是因此她极受中国游客的喜爱，每一航次都预约几近满员。对于在港口工作的我们也是极大的挑战。在港口的工作并不是一成不变的，而是会进行不同工作的轮岗。在港口工作的在港口，我做过check – in agent, runner, passport scan, greeting, see pass photo 等工作。Runner的工作主要是为check – in agent服务的，是将所有的船卡按照顺序及楼层分好，然后等游客来到check – in 台前办理登记时将游客预订好的房卡准备好交给check – in agent。而check – in agent是直接面客的岗位，为客人办理上船前的一切手续，包括相关信息的登记，信用卡的绑定，房卡的交付以及回答客人的各种疑惑。这不仅要求对业务程序熟练，对操作系统熟悉，还要求对客态度良好。尤其是信用卡关联，是需要直接对客办理，并且与客人交流较多的一个程序。信用卡关联是将客人的双币种的信用卡与客人的船卡关联在一起，即授权船卡使用信用卡内的钱，可刷船卡来进行船上的消费，下船前签单来完成船上的消费支付，方便客人消费，减少客人等候付款的时间。可是越是与钱相关的问题客人关注的越多，越谨慎，客人的问题也越多。Check – in agent需要向客人解释的越多，并且要协助客人完成授权单的填写。另外来办理关联的客人可能来自不同的地区，甚至不同的国家，这对于 agents 的语言能力也是一个挑战，不仅要懂英语，更要听懂不同国家不同口音的英语。另外是 passport 信息的收集，一般情况下，跟团的客人占到 80% 以上，所以在客人到达港口之前，领队会提前带客人的护照到港口做 check – in，通常上午 8：30—10：30 需要把所有的团队护照做完，大概 3000 多本。工作需要迅速、细心，更需要耐心。Passport scan 是在船上完成的工作，主要任务是确认实时上船人数以及确认客人信息。Greeting 是站在厅内向客人问好，给予客人宾至如归的服务体验，并随时回答客人问题，为客人指引方向等。See pass photo 是上船之前的最后一道程序，刷护照确认客人是否已 check – in，并 embark 确认客人上船。

在这里三个月，让我尝到了工作的酸甜苦辣，也学到了许多东西。实习锻炼了我的实践能力，培养了我学会吃苦、踏实苦干、适应社会、适应生活的能力。工作不一定能有优越充分的条件，往往需要我们踏实苦干，能吃苦耐劳，才能更好地完成任务。在实习过程中，我们接触的事情比在学校的要复杂，要与形形色色的人接触，让我学会了在岗位上要做好自己的本职工作，遵守规章制度，尊重同事；在生活中与人为善，多些理解和宽容。

除此之外，通过 3 个月的毕业实习，我也充分地认识了自己的能力，发现了自身存在的一些不足。

一方面是对专业知识掌握的不够扎实。另一方面是在工作中处理问题不够灵活。对于领导安排的事情，有时候只是按照常规，或是只会按照方案，过于死板，缺乏灵活性。在做事的时候不够细致，缺乏耐心。还有在人际交往方面缺乏技巧，沟通能力还需加强。

最后，通过实习我明确了自身的定位，在个人发展及改进提高的方向上给了我启示：一要继续加强对专业基础知识的学习，多向经验丰富的师傅和同行前辈学习，增强自己的实践能力，夯实自己的专业知识；二要培养自己吃苦耐劳，踏实苦干的精神，切忌好高骛远；三是要锻炼自己的沟通能力和人际交往的能力，从各方面提升自己的综合素质。

花旗银行实习报告

姓名：袁子仪
年级：2011 级酒店管理 1 班
实习单位：花旗银行（北京金融街卓著中心）
实习时间：2014 年 8 月 1 日—2014 年 9 月 28 日

一、实习单位简介

　　花旗银行是花旗集团旗下的一家零售银行，其主要前身是 1812 年 6 月 16 日成立的"纽约城市银行"（City Bank of New York），经过近两个世纪的发展、并购，已成为美国最大的银行之一，也是一家在全球近一百五十个国家及地区设有分支机构的国际大银行，总部位于纽约市公园大道 399 号。2012 年 9 月 19 日，花旗银行（中国）有限公司在上海宣布在中国的信用卡业务正式运作。

　　如今，花旗集团作为全球最大的金融服务机构，资产达 1 兆美元，于全球雇有二十七万名雇员，为逾一百多个国家约二亿消费者、企业、政府及机构提供品种繁多的金融产品及服务，包括消费者银行和信贷、企业和投资银行、保险、证券经纪及资产管理服务。以红色雨伞为标志的花旗集团旗下的主要品牌包括：花旗银行、旅行家集团、所罗门美邦、Citi Financial 及 Primerica 金融服务公司。集团 2000 年的核心收入达 140 亿美元，2001 年收入达 146 亿美元，为全球盈利最高及财政最稳健的公司之一，其股本总值达 880 亿美元（2001 年），一般股本回报率为 20%。雄厚的资本促使集团能运筹帷幄，顺利过渡逆境并于不同的经济环境中大展宏图。在 2001 年、2002 年《商业周刊》评选的全球 1000 家公司排名中，花旗集团皆名列第 5 位，在全球金融界中排名第一。

二、实习目的

为以后的专业学习打基础，积累社会经验，同时也为了感受实际在金融机构工作的工作气氛。

三、实习内容

因为决定了要出国留学，而且打定主意申请金融管理的专业，所以我决定利用暑假的时间找一家金融机构实习。机缘巧合，我得到了在花旗实习的机会。在花旗实习的近两个月时间里，我接受了高管的培训，他们传授的金融知识和社会经验都让我受益匪浅。同时，我也亲身实践去见客户，针对不同客户的风险承受能力评级来向他们推荐合适的花旗理财产品。在此期间，我还和一个 60 多岁的老奶奶客户成为了朋友。不仅有高管培训和实际见客户，我还申请做 Team leader，领导这一期实习的一个小组，在实习期快结束的时候，做了一个商业策划书，内容是向特定的互联网从业者推荐花旗银行的财富管理项目。在实习期最后做 business plan 展示后，我所在的小组获得了第二名的好成绩，我最终也获得了花旗卓著中心行长的推荐信。

四、实习所获

高管传授的社会经验和金融专业知识，好的时间管理能力和高的工作效率，小组整合领导能力，最大的收获是遇见了一帮志同道合的朋友，我们为了实习期末的 business plan，在酒店里熬了两个通宵。

总的来说，这段实习经历让我受益匪浅。

星期五餐厅实习报告

姓名： 赵雪霏
年级： 2011 级酒店管理专业
实习单位： 星期五餐厅
实习时间： 2012 年 8 月 31 日—2014 年 11 月 25 日

2012 年 8 月 31 日，我第一次来到餐厅兼职，从此与建国门星期五餐厅结缘。随着时间推移，我越来越喜欢这个地方，点点滴滴都深深印刻在我的内心深处。作为毕业前的实习我仍然选择了星期五餐厅，但 2014 年底由于餐厅合同原因，美国方面决定取消了店面的继续运营，从而以一种特殊的方式结束了我的工作。而这两年多时间里，无论是对于餐饮专业操作方面，还是处理客人投诉，与优秀的经理人学习管理方式，协同同事接待大型聚会等方面都收获颇丰，尤其是在这两年的工作中，学习了调酒的相关知识，并且胜任了吧台调酒师的职位，让我找到了未来的发展方向。

一、工作操作

星期五餐厅作为最早一批进入中国的西餐厅，曾隶属于卡尔森集团，秉承着传统美式休闲餐厅的经营理念。餐厅深受美国早期文化影响，平时总会看到许多家长利用餐厅中的装饰古董给小朋友们讲述他们小时候的经历，或者是看到许多一起长大的美国朋友，在楼道照片墙上慢慢地回忆美国往事。在工作准则方面，星期五餐厅的工作手册更是可以与卡尔森酒店的工作手册媲美，而如果大家以为仅仅是书面上的要求，那就小看了这个历史悠久的企业了。经过数年的发展，星期五餐厅也建立了一套完善的培训系统。刚进入餐厅后台时，经理指派教练对我进行一对一培训，逐渐在实践中让我掌握辨识菜品，完成装饰配盘，将菜品准确地送至客人的桌上，对食品温度以及装饰物，配盘的准确度都有着极大地要求。后期，我进入了外场系统，直接对客服务，教练对我进行服务意识的训练，无论从迎宾到待客，点餐，直至送宾，让我学习到区别于快销类餐饮系统。我们销售的不仅仅是菜品环节，更重要的是服务环节，内外场的通力配合提升客人满意度。后期与吧台调酒师的接触，以及通过半年努力，终于进入吧台系统学习接触调酒工作。通过学习调酒工作，更加激发了我的工作热情，兴趣是最大的老师。后来我到图书馆专门借阅了关于酒类的书籍，系统地学习了酒类的发展，以及各种鸡尾酒的调配，在师傅的教导下，很快就得到了客人的肯定，这是我最大的收获。

二、领导沟通

在不长不短两年多的时间里，一路伴随着欢笑、泪水、感动、遗憾、成长……，我体会到了在学校中学习不到的人情世故。很感谢一路走来遇见的同事和师傅，尤其是教会我许多技能的优秀经理人，当然也感谢自己选择的这条奋斗的青春道路。责任感、团队合作、学会倾听是我从中逐渐学习到的。一次经理对于餐厅的危机情况处理着实让我钦佩。一天，已经接近打烊时间了，经理在后台完成一天的经营数据总结，外场仅仅剩下3个员工，每个人都在服务客人的同时做着各站点的关站工作，此时有新客人需要接待，而且还有客人需要往房间里加水，我们跟客人说稍等，因为手上的工作刚刚进行一部分，且不能达到标准的对客服务着装，后来三个人继续忙着各自的事情，就在此时客人再次叫服务员，态度稍有不耐烦，此时经理听到外面的情况，赶快进行了处理。之后她及时召开会议，经理的一番话让我受益颇丰，在我当时还作为一个新手的情况下，经理说："首先在刚才那种情况下，虽然每个人手头都有自己的事情，而且不能正常服务于客人，但是我们仍是一个团队，这时候标准不是最重要的，要有能动性，灵活地调整自己的工作，客人的需求永远是咱们工作的首要任务，这就是所谓的客人永远是上帝。其次，永远不要对客人说稍等，而且刚才大家应该看到了，有一桌客人情绪已经不是很好了，这极其容易降低客人的用餐体验，进而产生投诉。所以我们要做的是，在还没有发展到不可遏制的时候，及时翻转客人的感受，提升客人的用餐体验，而且一桌客人的不好体验，非常有可能影响其他桌客人的用餐情绪，当不好的用餐体验蔓延开，就是我们不能控制的了。最后，大家现在虽然在这里打工，我相信每个人心里肯定努力的方向是升到更高层级工作，所以不能够仅仅完成自己的岗位工作，要从全局出发，站在更高的角度上看整件事情的发展，这样才是一个领导应该学会的。我及时出来是遏制事情朝坏的方向发展，包括现在的会议也是让大家及时总结，及时规整餐厅营运的发展。"

三、对客服务准则

在对客服务方面，我自己也是总结出了一套准则。对于"90后"，社会上的声音都是批判，说这是娇生惯养的一代人，从小就在家庭的呵护下，当"90后"一代服务于客人的时候，可能会缺失服务意识。可是我们这一代学习能力极强，善于接受新鲜事物，通过培训与学习，我发现所谓宾至如归，最好的诠释就是对待每一个客人如同邀请客人到自己家做客一样，这就要求我们把单位当成家一样对待。而且服务是相互的，就像老师说的，这是"淑女与绅士服务于淑女与绅士"的工作。这种相互性，会让我得到相同的反馈，当我以最真挚的微笑服务于客人时，他们同时会回馈给我尊敬。以"齿轮效应"带动整个餐厅的氛围，此时我并不觉得自己是在工作，而是在享受另外一个家带给我的温馨。

在星期五餐厅我收获颇丰，它将是我非常宝贵的经历。

仟和骨头王火锅餐厅实习报告

姓名：曹丹

年级：2011 级酒店管理专业

实习单位：云南省昆明市仟真和餐饮有限公司——仟和骨头王火锅餐厅

实习时间：2014 年 7 月—2014 年 10 月

一、实习内容

1. 实习目的

本次实习的目的是：为巩固所学的专业知识，同时了解酒店管理的基本职责和各岗位的工作流程，掌握酒店管理服务工作的一些基本技能，在实践中找到理论知识与实际操作的结合点，为以后自己就业奠定良好的基础。

2. 实习单位简介

昆明仟真和餐饮（集团）有限公司是集仟和骨头王火锅连锁、耀华力烤虾泰菜连锁、醉云南滇味民俗餐厅等餐饮品牌为一体的餐饮机构。自成立以来，在短短 5 年的时间里，公司在全体员工的努力下从无到有，由小到大，飞速发展，成为在昆明以特色火锅、泰国菜、云南菜，以及以食品、调味品生产技术研发为于一体的本土著名餐饮企业。公司始终贯彻"服务大众、诚信各界、追求发展"的企业宗旨，走多品牌发展的路线。不断发展的"仟真和"决心将自己打造成云南餐饮企业的榜样，同时为实现成为全国餐饮行业龙头企业的战略发展目标而努力！仟和骨头王是其分公司之一，它坐落在昆明市的金马坊，这里也是市中心。由于昆明是一个旅游城市，这里不管白天还是晚上始终游客如织，热闹非凡。因此仟和骨头王便是游客们在逛完商场之后的绝佳选择。

3．实习岗位

餐饮部服务员。

4．工作内容

（1）按照领班安排认真做好桌椅、餐厅卫生，餐厅铺台，准备好各种用品，确保正常营业使用；

（2）接待顾客应主动、热情、礼貌、耐心、周到，使顾客有宾至如归之感；

（3）运用礼貌语言，为客人提供最佳服务；

（4）善于向顾客介绍和推销本餐厅饮品及特色菜点；

（5）配合领班工作，服从领班或以上领导指挥，团结及善于帮助同事工作；

（6）积极参加培训，不断提高服务技能。

二、实习中的工作表现

这份工作是在我暑假回家时找的一份实习。尽管我的本科专业是酒店管理专业，且在前三年我学习了大量的专业课程，专业课程的成绩也一直不错，但事实上我从未参加过任何专业实习活动，因此，对于这份工作，我的心情非常忐忑且期待。而之后这三个月切身的体验让我不仅真正地将专业知识运用到理论之中，从而提高了自己的专业技巧，还让我更多地了解了社会上的很多交往技巧，给我好好地上了一课。在实习刚开始的时候，我多少有点不适应，心里有点波动。因为它的工作强度很大，每天8个小时的连续站立服务，任何时候都需要保持的职业微笑，以及对待形形色色的客人需要的绝对耐心让我有些吃不消。不过值班经理一直很照顾我们实习生，在严格要求我们工作的同时也会一直给我们鼓励并教些处理工作的方法。在她的帮助下，我每天飞速地学习，我给自己最大的心理暗示便是换位思考。我印象最深的一次是有一天下午，客人很多，所以餐厅非常忙，当传菜员忙不过来的时候我们也被派去传菜。由于之前没有过端菜的经验，且当时客人点的是一份大号的火锅，我在端到客人桌上的时候不小心洒了一点在客人的衣服上，同时也洒在了自己的手上。客人刚开始很不高兴，我其实烫到了手非常痛，但我知道如果我是客人我也会很生气，因为对我来说服务员意味着专业的服务，而不是搞砸。我立马向客人道歉，并答应帮他干洗衣物，同时也送上一份水果拼盘以示歉意。客人在看到我真诚的歉意后也缓和下来，同时询问我受伤情况。因此当我在酒店中逐渐学会了换位思考之后很多问题便会迎刃而解了，我不仅学会了很多工作方法、待人处事的技巧还收获了客人的信任和鼓励，这对我来说是莫大的支持，也是我工作的不懈动力。在实习过程中，我表现出了吃苦耐劳的精神，也表现出了合作精神，在工作过程中我也表现出良好的职业道德，一直兢兢业业，严格按照酒店的相关规定与制度做好自己的分内工作。同时，遇到不懂的问题时虚心向老员工或主管请教，在与员工的交往中大我一直充满热情，结交了好多的朋友。而这也是我工作的巨大收获之一，我们相互协作，共同进步，体现了酒店人的良好素质和教养。

三、实习的体验和收获

1. 实习的收获

通过这次实习，我真正地将理论知识和实践相结合，感触良多。三个月的实习让我比较全面地了解了餐厅的组织架构和经营业务，接触了形形色色的客人，同时还结识了很多很好的同事和朋友，他们拓宽了我的视野，也教会了我如何去适应社会、融入社会。

另外，这次实习还让我更深刻地明白了换位思考的重要性。如果我们在服务的过程中可以设身处地地为客人着想，努力提高服务素质，提高客人服务体验，事实上很多问题都是可以解决的。客人的每一个问题都是我们更好地完善服务的绝佳机会。同时，我们要正确认识自己的长处和不足，虚心学习他人成功的工作经验，踏踏实实地做好实习工作；在实习的过程中，多思考、多比较、用心体会，多尝试把所学的书本知识应用于工作实际；要认真及时地总结实习经验和心得，尤其是对实习中遇到的问题，要多分析，多请教，找出问题的症结所在，并努力克服。

总而言之，这次实习，我不仅巩固了专业理论知识并将它运用到实际工作中来，锻炼了自己，同时也给自己敲响了警钟，为今后的学习指明了方向。更震撼了自己的心灵，使自己的心态回到现实中，用现实的眼光去看待自己与社会。

2. 实习的体会

（1）酒店培训的重要性

随着社会经济的发展，中国的旅游业已经逐步与国际接轨，发展成了占中国经济举足轻重的产业，因此旅游业发展的好坏直接关系到国民经济的发展，而酒店在旅游业中占重要地位，酒店企业的效益和所有的经营活动都要靠人、靠员工的辛勤劳动和出色的表现创造。市场同业所有的竞争最终还是队伍的竞争、人才的竞争。只有拥有优秀的人才，才可能在竞争中立于不败之地，因此培训就显得格外重要了。

（2）酒店服务业是社会文明的窗口

随着社会经济的迅猛发展和人们生活水平的不断提高，酒店行业获得飞速发展。虽然酒店的规模大小、档次高低、服务水平、管理质量等参差不齐，但从近几年酒店行业发展状况和经济效益来看，酒店的规模越大、档次越高、服务质量越好，其经营效益也就越高。因为随着经济的发展，人们的道德素质、精神文明也不断提高，同时，对这个行业的需求和要求也越来越高，因此，越是高档次的酒店，越是宾客盈门。这反映出酒店服务业已成为社会文明的一个重要窗口。

（3）服务质量是酒店管理的核心

酒店的服务质量是酒店日常管理的中心工作，全体员工都要有质量意识，管理人员更要树立服务质量观念。只有在质量观念上牢牢扎了根，才能在日常管理中把质量真正当成企业的生命线。服务质量是指酒店提供的服务在使用价值上（包含精神和物质）适应和满足客人需要的程度，既要具有物质上的适用性，如设施设备、菜品质量的优质，又要具有精神上的适用性，如良好的酒店气氛、服务劳动、员工精神状态等。服务的使用价值适合和满足客人需要的程度越高，服务质量就越好；反之，则服务的质量就越差。要提高服务质量，就要提高服务的使用价值的质量。酒店服务质量的提高，质量观念是前提。

（4）自身不足和改进

总的来说，在这三个月的实习过程中我还是发现了自身存在的很多不足。比如工作不够细心，容易忽略一些细节问题，或偶尔会忘记抹掉玻璃上的水迹；还有就是工作心态不够好，有时对周而复始的工作产生厌烦情绪；对工作不够热情，一些小事就引起心情的烦躁；过于坚持己见，不够虚心接受同事的批评；另外，由于过于追求完美，对一些重要的环节过于重视，因而导致了时间上的浪费，影响了工作效率。

通过这三个多月的实习锻炼，我逐渐发现了自己的缺点和不足。缺点、错误并不可怕，最重要的是做错事要及时改正并能引以为戒，不再犯同类错误，有错误才会有进步。因此，在实习的最后阶段，我经常向同事请教，虚心向同事学习，不断进行反思和总结，积累经验教训，努力提高自己的应变能力和沟通交流能力，争取在毕业后的工作岗位上把工作做得更好。

团兴劳动与社会保险服务有限公司实习报告

姓名：陈佳怡

年级：2011级酒店管理专业

实习单位：北京团兴劳动与社会保险服务有限公司

实习时间：2014年7月—9月

2014年7月至9月，我在北京团兴劳动与社会保险服务有限公司综合部实习。该公司以人才派遣代理、咨询、保险公积金、档案管理和招聘求职为主营业务，以规范化的管理作为人力资源派遣服务的核心，以综合性的全方位服务作为适应市场的基本保障，是为北京市的大型人力资源劳动管理社会化服务的企业之一。

对我而言，虽有过若干次实习的经验，也在校内课程中接触过人力资源管理的知识，但对于这样一家企业，依旧是杯水车薪。如何快速找到实用的工作方式和相应的工作模式，是我在早期实习中学习和摸索的重点。

在日复一日的实习工作中，渐入佳境的我也找到了合适的工作方式——反复且认真。综合部的业务覆盖面积主要集中于人力资源领域。作为实习生，日常的工作基本为帮助整理领导需要的文件、浏览简历、制作文档表格等。看似简单，却是十分烦琐，也因此更容易忙中有错。然而作为为人才提供就业、为企业解决人力紧缺的专业团队，一旦出现问题将不是我们一方的损失，更会耽误人才的劳动机会和企业的问题解决，一定程度上造成社会经济的损失。所以我们需要百分百地认真负责,这样一来,简单的工作反而成为了最重的精神负担,需要一遍一遍地反复审阅。在反复审阅中,我意识到了自己作为社会一分子的存在性和重要性。这是我对工作意义的初步认识,也是我将"反复且认真"五字作为在综合部实习的工作方式的原因。

可若仅是"反复且认真"并不足以胜任这一项工作,作为人力资源劳动管理社会化服务企业,在大量的招聘信息和应聘者简历中构建联系,是我们的主要责任。而如何建立联系,使应聘者的才华有用武之地,为企业选出最合适的员工,需要长期的社会经验,和所谓看人的"眼力"。这对于在校园生活中,交际面狭小且常年学习书本知识的实习生来说,并非一朝一夕可以弥补。这时,领导前辈们就成为了我们的"活教材",在听前辈们进行电话回访,或陪同进行面试的时候,往往自己心中对于应聘者的评价会和前辈们最终的结果有不小出入,而通过反复地矫正、学习、观察,最终使自己的"眼力"得到了不小的提高。在今后的工作和生活中都将能派上用场,可谓是收获颇丰。

另一方面,人力资源相关部门的工作不同于以往的实习,人与人的交流变得更加密切,关系却仅是停留在工作关系上,充满竞争。这对于长期处于校园环境中的我们来说,这转变太急太快,更凸显世态炎凉。而黑格尔曾说过,存在即合理,这种残酷冷漠的人际关系并非仅是在这一企业,而是放之四海皆准的公理。在经历了实习前期的心理落差后,我也逐渐懂得了这种未曾接触过的关系的积极一面。

首先,"制度"与"人情"二词在一定程度上存在矛盾。人情往往会打破制度,而制度作为一家现代企业的软实力,决定着一家企业的运作模式,一旦人情在某一个环节上突破了制度,便会造成企业运作的某一个节点出现问题。而各种不可控因素如人性等,会将这一个坏死点不断腐蚀扩大,最终造成整个企业结构的垮棚。于企业于员工,这都是不可想象的损失。或许是潜意识中约定俗成的冷漠,反而使企业机器正常运转。

正如上所述,若将企业比作机器,制度为机器的运作程序,员工则是各个零件,在依照制度的前提下共同运转下使得机械高效运作。

团队合作，便是与这份工作相适应的工作模式。与同事的沟通交流使得工作流程通畅，从录入应聘信息到电话回访、面试，个人如同蚁穴的工蚁般各司其职，使制度的每一个环节得以贯彻落实。合理地完成工作和社会责任，其成就感是我在实习过程中最高的价值追求和努力工作的最大动力。这是在充满着所谓"人情味"的家庭和校园中无法触及到的较高层次的自我实现目标。

其次，同事之间的竞争虽然残酷，但是残酷的结果是使得优秀人才有用武之地，正如我们所从事的人力资源管理工作一般。成功者必然有成功的理由，我认为不应抵触竞争，即使是所谓的恶性竞争，也必然以优胜劣汰为结果。积极证明自己在企业中的价值，使自己在竞争中占得优势，是我这一次实习中所收获的职场心得。

两个月的时间虽短，却是我在社会中的一次意义非凡的经历。在工作中我发现了平时在学校中不能发现的问题，如接人待物不够应变自如，考虑问题不够成熟，对于从事的行业业务不精等问题，这些在今天看来或许只是一次实习，而在今后的工作生活中或许会成为致命伤。我在最后一年的学习生活中，将加强专业知识学习，更多地参加社会活动，完善自己并努力提升自己今后在行业中的竞争力，以最好的姿态追求自己的理想和社会价值。

宁波石浦豪生实习总结

姓名：胡叶蕾
年级：2011 级酒店管理专业
实习单位：宁波石浦豪生大酒店
实习时间：2014 年 9 月—2015 年 1 月

一、酒店介绍

宁波石浦豪生大酒店拥有客房和套房共 255 间，设计高贵典雅，拥有完善的设备设施。酒店特设 26 至 29 楼为行政楼层，专为行政客人办理快速入住、离店手续，并提供行政楼层专属至尊优待礼遇。总面积达到 1300 平方米的会议厅和多功能厅，多样化的服务，齐全现代的设施设备能够快速便捷的满足客人的各种会议商务需要，让客人的宴会和会议成功圆满。设施齐全的健身房及室内游泳池，是客人放松身心、休闲娱乐的理想场所。

二、岗位介绍

宾客服务中心（总机）是酒店对客的第一个窗口，客人对酒店的第一印象往往通过电话产生。总机话务员的职责就相当重要了。酒店对接线生要求严格：熟悉本组范围内的所有业务和知识；认真做好交接班工作；按工作程序迅速、准确地转接每一个电话；对客人的询问要热情、有礼、迅速地应答；主动帮助宾客查找电话号码或为住客保密电话；准确地为客人提供叫醒服务；掌握店内组织机构，熟悉店内主要负责人和各部经理的姓名、声音；熟悉市内常用电话号码；熟悉有关问讯的知识；掌握总机房各项设备的功能，操作时懂得充分利用各功能键及注意事项；特别是严格保密客情资料。

商务中心是酒店的一个营业场所，商务中心文员主要是对客进行服务。为客人提供收发传真、复印、翻译和上网发送 e-mail 等服务，并为客人保密；为客人办理飞机票、火车票、旅游票的代订服务；迅速、准确地回答客人有关商务和旅游方面的各种问题；提供常用办公小文具，供客人随时借用；提供最新商务信息和商务服务咨询业务及国际国内长途电话。文员每班次认真检查，确保设备设施处于良好状态，定期做好商务中心内各种设备设施的清洁和保养工作；发挥工作主动性和积极性，搞好同事间的团结和协作，完成上级交办的其他任务。

三、工作总结

办完入职手续后，便去前厅部报到，见到了和蔼可亲的前厅经理。正式上岗前，部门又对我们进行了针对性地专业培训，刚开始是大串的分析表和酒店的应知应会开始，一天八个小时，我都坐在那里看那些东西，过得很无聊。两天后，我开始试着接电话，因为对酒店业务不熟，很多情况都不知道该如何处理，老是转错电话而导致有人投诉。心里开始有了压力，看起来简单的工作做起来并不是那么简单。但是令我骄傲的是：因为我的声线一直都很好，总机应答语很快就被我找到了感觉。后来有一次在接客人电话时，客人赞扬说我的声音很甜美，我想酒店在那时通过我的声音给客人留下了美好的第一印象。

刚开始的一周，都会有老员工带我们，在这期间，我感受到了什么叫受人欺负，那些在总机房的女孩子都比我小，但是她们的工作熟知度都比我们高。因为总机房的设施设备都是固定的，很多操作也是规范的，如果不训练得很熟练，接到电话时就会因为紧张而出错。当我们把她们认为很简单的东西弄错时，就会看到一张很不耐烦的脸，有时候还会被领班批评一通。这些我都默默地忍受着，庆幸的是我的学习能力还不错，通过半个月的工作，总机房的工作我都可以独自游刃有余地操作了。

工作流程是熟练了，往往就因为太熟练而简化步骤、忽略细节，遭到客人的投诉。有一次，我独自当班时，电话很多，接完一个马上那个又响了，或者两个同时响。这时候我们会用 hold 电话的方法来让客人等候，因为电话太忙，同时 hold 了两个电话，我在接完一个电话去拉线回来时不小心挂断了客人的电话，等客人再打过来时，声音明显感觉到不满意了。经我耐心地跟客人解释后，投诉才不至于闹得很大。那一次让我深刻感觉到，任何一项工作再熟悉也要仔细地去做，这样才会更完美。

因为商务中心和总机房只有一个领班在负责管理，所以总机房的接线生就必须要学一点商务文员的知识，以备不时之需。商务总机成为了一体，老员工也在陆续地辞职，也有新的接线生来到总机房，我们也逐渐地变成了老员工。熟知总机房业务后，领班对我们进行了商务中心知识的培训，包括如何熟练地使用复印机、传真机，如何为客人提供订票服务等。在商务中心的工作，让我看到了希望，从总机房用电话与人交流到了在商务中心与客人面对面的交流，这对我是一个挑战。对客服务一直都是我的弱项，与客人交流时，我一般都会找不到重点话题，有时候也会胆怯，遇上外国人，我常常会紧张得连一句英文也说不出来。随着对工作的熟知度加深，我的对客服务能力也提高了不少，这让我感到很自豪。

在总机房的大多数时间都是无聊的，上一分钟电话响个不停，几乎同时来了四五个电话，把我们的同事忙得恨不得三头六臂，下一分钟一片寂静，有时一连半个小时都没有一个电话，这就是总机房，一个略显枯燥的地方。每天面对着一部电话和千百人交流，听着来电者有礼貌没礼貌的语气，耐烦不耐烦的声音。整天做的都是一些重复简单的事情，一天看到只是话务台的红灯在闪，满眼都是电话的影子，整个人也变得容易烦躁。在商务中心也是如此，好一点的是可以偶尔看到人从大堂走过，不至于觉得自己被遗忘在角落。

因为是刚从学校出来，对社会充满美好的期待，因此，我向人事部提出了换岗的要求。人事部一拖再拖，让我觉得事情并不是想象中的那么简单。随着时间的位移，在总机房那么久，工作环境、工作内容都很熟悉了，很多工作都可以得心应手，心中以前的很多恐慌和不安也排解了不少。再加上我们商务总机是一家，经常会去商务中心替班，也学到了一些商务文秘服务的知识，这些东西也很适合我，因而觉得工作并没有那么无聊了。对总机接线生的工作也有了一个新的认识。

每一个接线生都是总机的灵魂。在接每一个电话之前我都会调整好心态，精神饱满地以清晰、甜美的声音回应客人。在电话里感觉到我发自内心的微笑，更让客人感受到在这里是受欢迎的。在工作中，我都会用自己良好的记忆、熟练的操作，准确流畅地转接每一个电话。在工作中我学到了很多业务技巧，也积累了不少经验。而且，在工作中我不会感到枯燥了，因为我发现用心去做那些简单的工作也是很幸福的。

四、实习心得与体会

虽然只有三个月的时间，我还是收获了很多的感悟。

服务意识，是对酒店服务员的职责、义务、规范、标准、要求的认识，要求服务员时刻保持客人在我心中的真诚感。主动的服务意识是非常重要的，主动地发现客人的潜在要求并为客人提供及时的服务会让客人产生归属感。

主动的微笑服务是总机接线生的服务灵魂，接线生是用电话与人交流，客人看不到她的笑容却能听得到她的笑声，微笑的声音是甜美的，是让人觉得舒服的，每当客人听到这样的声音都会很有礼貌地与之交谈，同时也会受到客人的称赞，使酒店形象在客人的第一感觉中突然明亮起来。

商务文员的对客工作都是很细节的服务，善于发现客人的需要是做一名优秀员工很重要的服务技能。客人在商务中心等待时，可以为客人送上一份报纸或者让水吧人员送来一杯免费的柠檬水，以便客人排解在等待中的空当时间。这时候客人都会投以微笑以示感谢，我们也会因此而欣慰。

北京金隅地产经营管理有限公司
环贸分公司实习报告

姓名：孙赛楠
年级：2011级酒店管理专业
实习单位：北京金隅地产经营管理有限公司环贸分公司
实习时间：2014年9月17日—2014年12月22日

一、实习目的

（1）通过本次实习将所学理论知识与实际操作相结合，将课堂所学的价值理念植根于实践，实现价值最大化。

（2）通过本次实习初入职场，实现社会身份的转变，使我能够亲身感受到由一个学生转变到一个职业人的过程。在个人融入社会的过程中，进一步培养自己的业务水平、与人相处的技巧、团队协作精神、待人处事的能力等，尤其是观察、分析和解决问题的实际工作能力，以便提高自己的实践能力和综合素质，希望能帮助自己以后更加顺利地融入社会，投入到自己的工作中。

（3）本次实习对我完成毕业设计和实习报告起到很重要的作用。

二、实习地点

北京市东城区北三环东路36号，北京金隅地产经营管理有限公司环贸分公司，金隅环贸国际公寓，前厅部。

三、实习单位和部门简介

金隅环贸国际公寓地处北三环北京环球贸易中心内，毗邻金隅喜来登酒店，距北京首都机场仅20分钟车程，更可轻松前往国贸CBD商圈、使馆区等购物娱乐中心等主要区域，真可谓行止有度的绝佳场所。

金隅环贸国际公寓为国际高端商务人士及其精英家庭缔造的理想府邸，处处显露出对高端品质的坚持。金隅环贸国际公寓134套现代风格的怡然寓所，从一居的静雅到三居的雍容，乃至两套复式四居的名宅气度，坐拥都市繁华和自在静谧。公寓深谙便利和舒适生活的要素，以完备的配套设施与超凡的服务，融合光、温、气、象……共同构筑了圆融祥和的生活意境。

四、实习总结与体会

时光荏苒，如细沙从指缝间不经意间流过，不觉三个月的实习时光已经悄然结束。还记得9月份的时候开始了人生中的第一份实习体验，尽管时间不长，却感触颇深，无论是工作业务上还是同事间人事关系的相处上，对我来说都是一个完全不同于校园生活的全新历练，这恰巧应了古人的一句话：读万卷书不如行万里路，实践才能出真知。

学校要求我们大三的暑假自行安排自己的实习，因为一些原因没能在暑假完成，所以早早地回到学校，投简历、面试，那段时间让我突然明白在这个竞争激烈的社会立足是多么不容易的事。开始实习，意味着我们即将离开陪伴了我们青春岁月的温馨校园，开始独自在这个社会打拼。说实话，我有点打怵，我要扛起自己的责任，再也不能在象牙塔里做一些脱离实际的梦。同时我又很憧憬我的职场生活，心里涌动着一些好奇。很幸运，通过面试，我顺利地被金隅环贸国际公寓录用，在前厅部任客户服务代表一职，就这样我正式开始了我的实习生活。

很显然，这份实习与我的专业息息相关。因为在我的想法里，既然在大学已经花了三年的时间去学习它，总要去酒店真真切切地尝试一下，感受一下酒店的工作氛围，才能明白自己到底适不适合，热不热爱。现在实习结束了，我的心底也有了答案。

　　还记得，2014年9月17号，我正式报到了，陌生的环境，新鲜的面孔，一切都很吸引我，一切都等待着我去摸索。让我觉得遗憾的是没有培训，一切都是岗上学习，所以，在上岗的第一天我有些手足无措，不知道自己该干些什么。幸运的是，师傅人很好，也很认真负责，每件事都特别细心地教我，很快我就了解了工作流程，正式地投入这份工作。前台这份工作细微而琐碎，因为是酒店式公寓的缘故，前台的工作包括了酒店总机、礼宾部、guest relationship office 以及 check in/out 的所有工作，所以很烦琐。而且与酒店工作三班倒有所不同的是，这里两班倒，一天12个小时的工作时长多我来说有些吃力，感觉很熬人。对客接待上，我深深怀揣着老师课堂上传达的服务理念，总是以自己最佳的精神状态去对待每一件事情，用心为客人解决各种问题与疑惑。在实习过程中，也有很多让我困惑的地方，就像社会上常说的：大学实习生就是廉价劳动力，这一点深有体会。在实习中，做的工作一般是边缘性的工作，不会让我们接触核心业务，当然也可以理解，酒店为了经济利益着想。但是很多老员工仗着自己工作年限长，一副居功自傲的样子，不断地指派任务，语气态度也不是很和善。我想这种情况在每个企业都可能存在，但却是急需解决的问题，因为这会打消职场新人的工作积极性与带来人际关系处理的困扰，最终没有归属感，游离在团队之外。

　　通过实习，我也发现，酒店存在着这样的现状：

1. 酒店服务业从业人员文化水平不高

　　在当下，酒店服务人员文化程度普遍较低，一般初高中文化，对于前台这样一个直接对客的岗位，一般是大专、三本院校的毕业生，来自二本、一本院校的人群占比极其小。因为这样的教育背景，所以在个人素质、英语能力上会有所欠缺。

2. 酒店员工流失危机

目前，对于酒店而言，员工流失率都比较高，主要归结于以下几个原因：工作缺乏挑战性，工作的内容相对固定，时间一长，新鲜劲一过，很多人都会觉得乏味、缺乏斗志而最终选择离职；福利待遇低下，根据业内报告，酒店行业的薪水都相对较低，很多人为了较高的薪水而跳槽。

当然，这次实习也是我人生中一次宝贵的经历，也从中学到了很多，比如提高了服务技能，了解如何提供最优质的服务，为顾客带来好的服务体验。再者由于客户群大都是在华外企高管，所以很大程度上锻炼了自己的英语口语能力、与人沟通的技巧、"察言观色"的习惯和应变处理能力。

在这三个月的时间里，我体会到酒店行业的艰辛，也感受到与人交往的快乐，自己也对酒店有了新的看法与认识。感谢老师在大学四年给我们的谆谆教导，感谢公寓领导对我的培养与指导，感谢同事给我的帮助与关心。面临毕业，怀揣着实习的经验教训，相信在未来，我们也会有一片属于自己的蓝天。

北京首欣物业管理有限责任公司
实习报告

姓名：魏月竹
年级：2011级酒店管理专业
实习单位：北京首欣物业管理有限责任公司

一、实习单位概况

我实习的单位是北京首欣物业管理有限责任公司（以下简称首欣物业），系北京首钢实业有限公司所属的全资子公司。

于2000年进入市场，重塑企业求生存、谋发展的理念，取得骄人的业绩。2004年注册为首欣物业公司，2006年公司已发展成为国家一级资质物业管理企业。经过十年市场磨砺的成长壮大，首欣物业公司在首钢数十年积累的物质和管理实力的基础上，发展成为以物业主业为龙头，具有工程检修、电梯维修，装饰保洁、水、电、暖能源供应、管理等支柱产业专业实力；有雄厚的设备、设施资源和操控经验；有很强的工程机械作业能力、运输能力的高品质服务运营模式的大型物业服务管理公司。

在"中国物业服务企业发展研究"百强评比中，首欣物业连续四年跻身百强。在2011年物业管理改革发展30年，中国物业管理协会开展的全国物业服务企业综合实力排名100强企业评选活动中，名列全国物业服务企业综合实力第64位，北京市位居第7。首欣物业的自主创新能力、综合实力、品牌影响力、市场竞争力受到业界瞩目。

二、实习内容

第一周的时候，经理给我分配了一个师傅带我熟悉了公司情况和各项规章制度，以及各个部门的工作内容。通过师傅的介绍和对小区的参观，我对公司和整个小区有了一个全面的认识。接下来的一个月，我被分配做一些简单的工作，主要是协助其他同事整理资料，张贴通知，帮助房屋管理员联系维修师傅等。剩下两个月，我主要被分配在了前台接待部、负责接听电话、记录问题、接待业主并帮其解决相关问题等，有时还会和其他同事一起去检查保洁部、保安部等部门的工作情况。

三、实习收获

转眼之间，暑假实习就结束了，这段时间我受益匪浅。我学到了很多在学校里学不到的东西，也认识到了自己还有很多的不足。

1. 学会自主学习

工作后不再像在学校里学习那样，有老师，有作业，有考试，而是一切要自己主动去学去做。只要你想学习，乐于请教，同事们都不会吝惜自己的经验来指导你工作。遇到不懂的马上请教，不仅能使自己工作完成得更好，也可以避免因为不懂装懂造成严重的失误和不好影响。

2. 要有积极进取的工作态度

在工作中，你不只为公司创造了效益，同时也提高了自己，像我这样没有工作经验的新人，更需要通过多做事情来积累经验。特别是现在实习工作并不像正式员工那样有明确的工作范围，如果工作态度不够积极就可能没有事情做，所以平时就更需要主动争取多做事，这样才能多积累多提高。

3. 要注重团队精神

工作往往不是一个人的事情，是一个团队在完成一个项目，在工作的过程中如何去保持和团队中其他同事的交流和沟通也是相当重要的。只有各个部门沟通良好、相互配合才能顺利地完成工作，避免不必要的误会和麻烦。

4．要注重基本礼仪

步入社会就需要了解基本礼仪，而这往往是原来作为学生不大重视的，无论是着装还是待人接物，都应该合乎礼仪，才能给别人留下好印象，也会促进工作的正常进行。

5．要学会为人处世

作为学生面对的无非是同学、老师、家长，而工作后就要面对更为复杂的关系。无论是和领导、同事还是业主接触，都要做到妥善处理，要多沟通，并要设身处地从对方角度换位思考，而不是只是考虑自己的事。

通过这几个月的实习我也发现了自己需要改进的地方。

（1）缺乏工作经验。因为自己缺乏经验，很多问题而不能分清主次，还有些培训或是学习不能找到重点，随着实习工作的进行，我想我会逐渐积累经验的。

（2）工作态度不够积极。在工作中仅仅能够完成布置的工作，在没有工作任务时虽能主动要求布置工作，但若没有工作做时可能就会松懈，不能做到主动学习，这主要还是因为懒惰在作怪，在今后我要努力克服惰性，没有工作任务时主动要求布置工作，没有布置工作时做到自主学习。

（3）工作时仍需追求完美。在工作中，不允许丝毫的马虎，尤其是作为企业管理人员，严谨认真是时刻要牢记的，因为任何的疏忽都有可能造成最终结果的不完美。我坚信通过这段时间的实习，从中获得的实践经验使我终身受益，并会在我以后的实际工作中不断地得到印证。

四、实习体会和建议

通过在物业公司这三个月的实习，我认识到要做好物业管理工作，是很不容易的。每天要接触大量的人，所处理的事情又都很烦琐细小。

物业管理作为微利性服务行业，它所提供的产品是无形的服务，物业管理是一种全方位、多功能的管理，同时也是一种平凡、琐碎、辛苦的服务性工作。因此，在物业管理实际工作中，要时刻牢记物业管理无小事，以业主的需求为中心，一切从业主需求出发，树立"想业主之所想，急业主之所急，做业主之所需"服务宗旨，不断学习、不断创新、与时俱进，为业主提供整洁、优美、安全、温馨、舒适的居住环境。我认为在以下几方面可以加强以改善目前的工作。

➢ 规范服务人员形象，加大企业宣传力度。规范形象包括仪表、语言、行为三个方面。仪表规范要求我们的服务人员要持证上岗，统一着装，佩戴明显的标志，所使用的工具要印有企业的标识；语言形象要求服务接待人员要讲普通话，语言要尽量热情委婉，包括在与业主产生矛盾的时候；行为形象要求每一个岗位的职工要工作规范，尽显专业风采。这一点对我们的保安人员显得十分重要，在小区里保安人员担任着维持公共秩序的职务，所以在工作中要尽量达到军事化的标准，例如不要出现走路吸烟、打闹的场面，以免给业主留下不良的印象。物业是一种服务行业，其行为其实就是一个服务的过程，即服务传递过程。表情愉悦的工作人员可以平息由于服务缺陷给业主带来的不满。

➢ 优化客户管理和服务流程。我认为在网络及计算机如此发达的今日，物业管理也可以利用这些便捷的工具来进行工作，这样不仅方便了业主，同时给自身减轻了很多负担。例如利用"一站式服务"web系统管理房屋资源信息、业主数据信息、业主报修等信息。系统具有方便、快捷的优点，能为物业管理服务提供数据支持。这样当业主需要维修服务时，便可利用网络远程报修，取代通过电话或亲自跑到物业中心由专人接受报修与跟踪。

➢ 优化安保系统，提高物业管理形象。保安作为小区的把门人，肩负着小区的安全保卫工作，同时也是物业管理团队的对外形象窗口，也直接影响业主对物业管理公司的信任程度。所以建立健全物业管理安保系统，包括安保设施设备、安保人员素质与队伍建设，是物业管理公司工作开展与企业发展的重要条件。

➢ 事务管理工作精细化。在物业管理实际工作中，面对都是一些简单而重复的琐碎事情，物业管理成员每天仍然用非常饱满的热情，认认真真做好每一件事情，为业主提供良好的居住环境做好后勤工作。公司应当设立严格的奖惩制度，规范员工的作为，使其知有所为，有所不为。

➢ 建立企业文化。物业服务企业的服务特性决定了其必须从文化层面上去提高员工素质，只有建立起适合本企业特点的企业文化，从文化的高度和层面来突出企业价值观，使员工真正的热爱自己的工作和公司，树立良好的服务态度和服务意识。这样才能促进企业的正常运行、高速发展。

五、总结

短短三个月的实习让我意识到工作和学习的差别之大，需要面临的挑战之多。迈入社会，就像踏入一个崭新的天地。在那里，有更多的东西等着我们学习，同时也有更多的美好等待着我们收获。

美国加州大学尔湾分校实习报告

姓名：薛艺辰
年级：2011级酒店管理1班
实习单位：美国加州大学尔湾分校
实习时间：暑假

  暑假里，我跟随学校的访问团来到了美国的加州大学尔湾分校进行学习与社会实践，这次的经历给我留下了难忘的印象，我觉得这是一次非常充实的实践。通过这次实践我不仅锻炼了自己独立生活的能力，而且学习到了很多新的知识与技能，了解了很多新的文化，让我感觉受益匪浅。

  在加州大学尔湾分校的这段时间里，我们过着和其他学生一样的生活，住在校园的宿舍里，每天严格地按照时间表去参加课程以及户外的实践，有专门的辅导老师负责学生的签到，尽管这个校园对自己来说非常陌生，但我还是尽快对学校有了一定的了解。我觉得不仅仅是实践和课堂，即使是日常生活对于自己来说也是一个全新的环境，每天会面对很多新鲜的事物，需要自己去适应新的环境以及学习工作。可以说这对自己来说这也是一个新的挑战，需要去不断接受新的环境和新的语言，同时也是去了解西方文化的一个契机，在课堂上必须去努力适应并接受老师的授课方式以及个性。中西的授课方式有着一定程度的不同，这给了我很好的机会去了解其他大学的授课方式，同时体会到各自的优点，可以说这点在今后的学习上可以给自己带来很大的益处。因为这次我们一行参加的是金融商务项目，所以我认为和自己的管理类专业有很大的契合度。其中最重要的就是在实践中学会如何去交流，因为就作为管理而言，交流一定是工作中必不可少的。例如，在 business case study 的课程中，我们就必须通过分工合作以及调研去展示我们要介绍的企业。作为实践中时间最长的一门课，它带给我最大的感受便是每个人都必须要参与进去，课堂上的氛围会让人感觉如果你不想参与进去就会立刻显露出来，为了制订一个较好的方案，我们小组在自习室中讨论到了很晚，以确保资料的准确度以及展示的连贯度。可以说这个过程很好地锻炼了自己的表达能力，同时在完成任务之后也有了很大的成就感。另外还有像 presentation skill 和 business writing basics 这类的课程，对于管理者来说如何表达自己的想法与观点是非常重要的一件事情，因此通过这门课程我也学会了很多沟通与展示的技巧并需要不断地去实践与练习。

这段时间，我们访问了 south coast plaza 和 havaianas 两家公司，参观了它们的一些部门，做了一些记录，对于公司的访问给我留下了很深刻的印象。我们通过各个方面了解了公司的历史、架构以及发展进程，等等，在这个过程中可以感受到这个公司在发展中出现过的优势以及不足，还有它究竟是靠什么发展到了今天的这个程度，这些方面可以说也给了我们很多的启发，让我们在今后的工作中可以有更多好的想法。通过了解公司的发展历程可以感受到作为管理者对公司的发展起着至关重要的作用，通过管理者的自身经历所阐述的示例虽然不能照搬照用，但是可以给我们很好的借鉴作用，等到真正就业之后我们会对公司有着更全面的了解，现在这种初步的了解也会对自身产生很大的帮助。

除了正常的课程外，户外的实践是本次访问的一个重点，我认为自己从中学到了很多东西，而最重要的依然是合作——通过大家的努力以及合作去完成一个又一个的任务。每个人都有自己的优点和缺点，根据每个人的特点以及优势把他们放到正确的岗位上是一件特别彰显能力的事情，更可以让工作效率事半功倍。想要在短期内快速地熟悉偌大的校园实际上不是一件容易的事情，因此我们的户外实践就像游戏一样，我们会收到关于这所学校的各种问题，想要解决这些问题就必须要在学校中寻找有效的线索或者是求助校园中的同学。通过大半天的努力，我们终于解决了这些问题，也比想象中更快地融入了这个校园。我想这个任务的重点就在于通过我们小组的分工如何能够在最短的时间内高效地解决所有问题，所以这次实践给我的一个感觉是：很多事情表面上都看不出它的目的是什么，但当你真正去做的时候，你就会发现它对你的帮助极大。

这次在加州大学尔湾分校的实践访问，让我对于海外的学校以及企业公司都有了一个较为初步的了解。我觉得这对于自己的帮助特别大，虽然由于时间的原因不能深入的去体会校园以及企业的文化，但是初步的认识也给今后的学习和工作带来了很大的收获，以往的学习方法更是可以用到今后的学习当中，让自己更加懂得如何高效率去学习。

可以说这次海外实践对我来说非常充实，特别是自己出远门的机会很少，因此这次经历锻炼了自己在陌生环境生活学习的能力。在与别人的交流上也有了很大的进步，以前自己在与人交流合作上有着非常明显的不足，也不愿意去和人交流。通过这次机会，不但和我们北京第二外国语学院的同学建立了很好的友谊，也与来自世界各地的人进行了较好的交流，虽然加州大学尔湾分校里的老师们和同学们对我们来说非常陌生，但是我们也很快地找到了交流的方式，我想这可以帮助自己在以后正式的工作中更加懂得与别人去交流以及共事，对自己今后的发展有很大的好处，因此这次的交流实践对我来说非常有价值，除参与了和自身专业相关的一些活动之外，在人文方面也有了很大的收获，因此我觉得这次的海外实践会对我今后的学习与工作有很大的帮助。

责任编辑：果凤双

图书在版编目(CIP)数据

酒店管理本科生调研报告．二／吴炜主编．－－北京：旅游教育出版社，2016.6
ISBN 978-7-5637-3403-0

Ⅰ．①酒… Ⅱ．①吴… Ⅲ．①饭店－企业管理－大学生－社会实践－调查报告 Ⅳ．①F719.2

中国版本图书馆 CIP 数据核字（2016）第 099779 号

酒店管理本科生调研报告(二)

吴炜　主编

出版单位	旅游教育出版社
地　　址	北京市朝阳区定福庄南里 1 号
邮　　编	100024
发行电话	(010)65778403 65728372 65767462(传真)
本社网址	www.tepcb.com
E - mail	tepfx@163.com
排版单位	北京旅教文化传播有限公司
印刷单位	北京京华虎彩印刷有限公司
经销单位	新华书店
开　　本	787 毫米×1092 毫米　1/16
印　　张	10
字　　数	120 千字
版　　次	2016 年 6 月第 1 版
印　　次	2016 年 6 月第 1 次印刷
定　　价	49.00 元

（图书如有装订差错请与发行部联系）